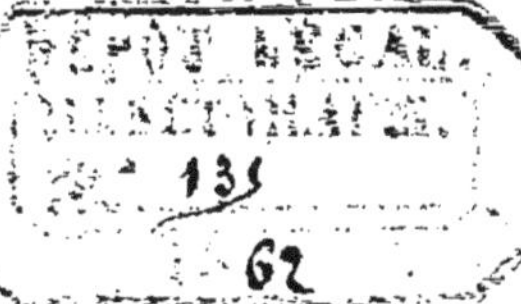

L'APICULTURE

RÉCOLTE DU MIEL ET DE LA CIRE

Sans destruction des Abeilles,

PAR

M. MARCILLE, ANCIEN INSTITUTEUR,

Publiée par la Société départementale d'agriculture d'Ille-et-Vilaine.

RENNES,
TYPOGRAPHIE OBERTHUR, RUE IMPÉRIALE, 8.

—

1862.

L'APICULTURE

RÉCOLTE DU MIEL ET DE LA CIRE

Sans destruction des Abeilles.

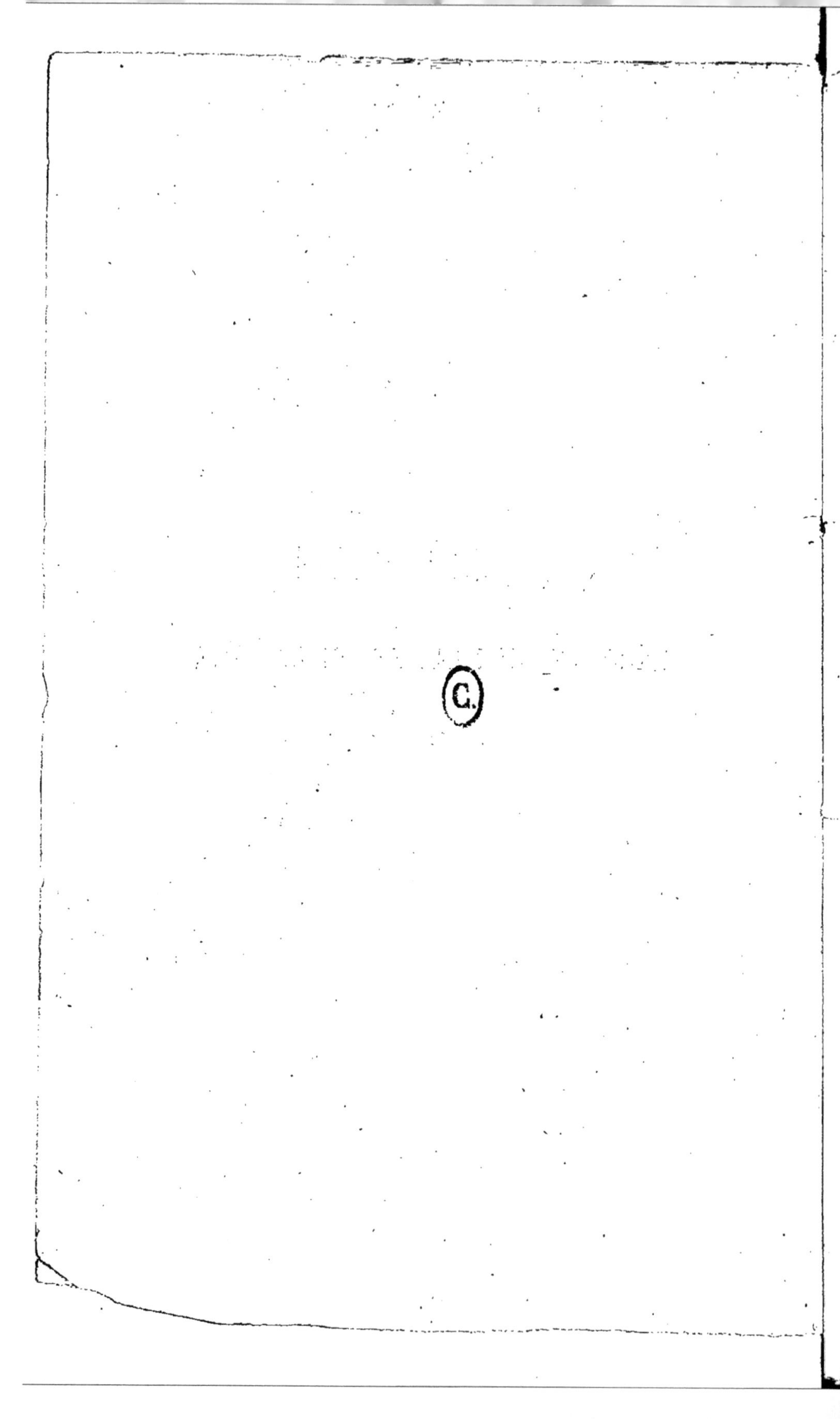

L'APICULTURE

RÉCOLTE DU MIEL ET DE LA CIRE

Sans destruction des Abeilles,

PAR

M. MARCILLE, ANCIEN INSTITUTEUR,

Publiée par la Société départementale d'agriculture d'Ille-et-Vilaine.

RENNES,

TYPOGRAPHIE OBERTHUR, RUE IMPÉRIALE, 8.

—

1862.

LES ABEILLES

ET LEURS PRODUITS EN BRETAGNE.

Le Congrès scientifique de France, à sa seizième session, tenue à Rennes en 1849, avait posé cette question :

« Quelle est, en Bretagne, l'importance de la pro» duction du miel? L'éducation des abeilles s'y » trouve-t-elle en progrès? »

M. Debeauvoys, inscrit sur la question, obtint la parole, et, après quelques observations générales sur les abeilles et sur les produits qu'elles nous donnent, il lut la notice suivante :

MESSIEURS,

La nature des cultures de la Bretagne est telle que ce pays produirait du miel et de la cire dans des proportions vraiment fabuleuses, si les abeilles y étaient en plus grand nombre et un peu cultivées.

Il y a près de cent ans, Messieurs, que les Etats de Bretagne, vivement impressionnés par les travaux de Réaumur, prièrent ce savant entomologiste de leur envoyer des ruches qui permettraient de multiplier les abeilles et de faire une récolte plus abondante de cire et de miel.

M. de Réaumur envoya la ruche de Gelieu père, qui est à système horizontal comme celle de Palteau, mais beaucoup plus à la portée des véritables producteurs, par la modicité de son prix. L'attention des Etats se soutint sur ce sujet de 1752 à 1760.

Dans le corps d'observations de la Société du commerce, de l'agriculture et de l'industrie, établie par les Etats de Bretagne, on trouve les motifs qui poussaient les hommes les plus recommandables de cette Société à engager leurs concitoyens à multiplier leurs ruches, et surtout à faire leurs récoltes sans tuer les abeilles... Ils regardaient avec raison le gouvernement des abeilles comme une branche fort importante et très-considérable de l'économie rustique, puisque, dans les premières années du XVIIIe siècle, on blanchissait, en Bretagne, six cent cinquante milliers de cire par an, et cette quantité de cire avait dû être accompagnée, suivant les calculs de M. du Couëdic, de *deux cent treize mille cinq cents quintaux* de miel. En mettant la cire à 2 fr. le kilog. et le miel à 24 fr. les 50 kilos, on trouve que c'était un objet de *six millions cent mille francs.*

Ces chiffres, Messieurs, cesseront de vous paraître fabuleux lorsque vous saurez que la Corse, 175 ans avant J.-C., payait un tribut annuel de 100,000 livres de cire aux Romains, et que les habitants de cette île, révoltés douze ans après, furent imposés au double, et acquittèrent ce nouvel impôt.

Rien n'indique la quantité de cire produite en Bretagne de 1750 à 1760 ; toujours est-il que les Etats pensaient que le nombre des ruches pourrait être plus que triple.

Mais pour déraciner les abus qui poussent les cultivateurs à détruire les abeilles, les Etats voulaient offrir les moyens les plus simples et les moins dispendieux de prendre la cire sans les tuer.

M. de la Bourdonnaye, procureur-général-syndic, se chargea de la correspondance avec M. de Réaumur ; mais on ne put confectionner les ruches sur la description envoyée. Alors M. de Nevet, associé au bureau de Rennes, en fit venir une qu'il donna à la Société. Le prix en était fort élevé, et l'on fut forcé de revenir aux ruches de Gelieu, que tout le monde peut confectionner.

Ce fut M. de la Bourdonnaye qui les expérimenta lui-même à sa campagne, et, sur sa recommandation, la

Société en fit construire sur le modèle fourni. L'essai en fut fait dans les faubourgs de Rennes. Elles parurent bien marcher, quoique le temps fût un peu contrariant.

Les Etats donnèrent une instruction contre les dangers qu'on voudrait prévenir en changeant la forme des ruches, et sur la manière de s'y prendre pour s'en servir. La Société voulait, de plus, qu'on publiât une instruction générale qui ne contînt que le nécessaire, et qui fût d'une simplicité telle que les hommes les plus ordinaires pussent la comprendre.

Les ruches de Gelieu étaient en bois ; mais M. de la Bourdonnaye, toujours poussé par sa philanthropique bienveillance, conçut l'idée de les faire en paille. Il eut même la prévoyance de garnir chaque hausse d'un rebord, pour éviter les accidents de déplacement et rendre les ruches plus solides.

M. de Montluc, à sa terre de Laillé, fut un des premiers à les mettre en usage.

M. de Grénédan, associé du bureau de Dol, rassembla dans un mémoire les recherches qu'il avait faites sur le gouvernement des abeilles.

M. de La Chalotais fit placer cinquante ruches à sa terre de La Chalotais.

M. Abeille-Fontaine en comptait un pareil nombre dans les faubourgs de Rennes.

Ainsi les nobles bretons étendaient leur patriotisme sur tout ce qui pouvait être utile au pays, et donnaient, les premiers, l'exemple de l'emploi des améliorations qui étaient si désirables.

Ils poussèrent leurs soins jusqu'à proposer la diminution de certaines taxes pour ceux qui élèveraient des abeilles, et ils avaient calculé que cette décharge, sur cent mille ruches, n'aurait enlevé au trésor que 10,000 fr. quand cent mille ruches produisaient 100,000 écus.

Mais tous ces généreux efforts n'eurent pas les résultats

désirés; les ruches transversales présentèrent de nombreux et graves inconvénients, et elles furent abandonnées.

M. de la Bourdonnaye, qui connaissait la ruche écossaise, pour l'avoir étudiée dans son pays, chercha à la mettre en usage; et, comme cette ruche ne diffère en rien de la ruche commune, l'éducation des abeilles resta ce qu'elle était auparavant.

Sous l'Empire, M. du Couëdic, de Maure, entreprit seul la tâche que les Etats s'étaient imposée; il donna une ruche à hausses, que l'on peut regarder comme une des meilleures de ce système. Dans un livre plein d'entraînement et d'un style ardent, il rappela vivement ses compatriotes vers cette industrie. Dans de courtes pages, il a parfaitement bien donné la manière de se servir de la ruche pyramidale; il indique la manière de récolter avec prudence et de conserver ainsi le plus grand nombre possible d'abeilles, tout en faisant d'abondantes récoltes.

M. du Couëdic eut le malheur de s'opposer avec une opiniâtreté inconcevable aux précieuses et savantes découvertes des Duchet et des Huber, publiées et soutenues par des hommes fort compétents, tels que Bosc, Feburier, Lombard. Il s'établit entre lui et ces derniers une polémique des plus déplorables, dans laquelle furent oubliées toutes les convenances. Rien n'était plus propre à entraver ses généreux efforts. Il publia et soutint d'ailleurs des opinions tellement excentriques, si inconcevables, que l'on dut se mettre en garde, même contre sa ruche, qui est cependant fort bonne.

L'importance de la production du miel en Bretagne est donc immense. Si l'éducation des abeilles y est restée stationnaire, à la suite des essais malheureux qui ont eu lieu; si le miel et la cire y sont à vil prix et peu recherchés, cette éducation, néanmoins, procurerait à ses pauvres habitants des ressources alimentaires qu'ils n'iront point chercher dans les procédés de M. Melsent, qui nous promet le sucre à 40 c. le kilogramme. Ils pourraient d'ailleurs, avec le miel, se procurer une boisson tout aussi facile à faire que le cidre, plus saine et plus agréable.

Quoique la cire soit peu recherchée, elle se vendrait et leur donnerait un peu d'argent, avec lequel ils pourraient se mieux vêtir.

Sans avoir la prétention de bouleverser les méthodes ordinaires par une meilleure, mais aspirant seulement à ranimer une industrie agricole décroissante, j'ai apporté parmi vous ma ruche à compartiments ou cadres verticaux, qui restera comme modèle aux Trois-Croix. J'en ai fait confectionner une commune, à laquelle j'ai adapté des cadres pareils, dont l'usage permettra de jouir de la plus grande partie des avantages qui résultent de ce système.

Les avantages que présentent les cadres verticaux sont incontestables et incontestés; mais ils n'ont été faits que pour les ruches en menuiserie, et ces ruches sont trop coûteuses pour le commun des éducateurs d'abeilles. Il fallait donc, dans l'intérêt de ces derniers, employer les cadres sans augmenter en rien le prix des ruches ordinaires; il fallait trouver un moyen de les appliquer à ces dernières ruches. Voici ce que j'ai fait : J'ai tronqué la partie supérieure d'une ruche; je l'ai renversée pour qu'elle fût plus large en haut qu'en bas, puis je lui ai fait un couvercle composé d'autant de parties qu'elle avait de fois 14 lignes de large. Ces parties sont des planchettes d'un bon pouce d'épaisseur, dépassant la ruche d'autant de chaque côté, et s'adaptant parfaitement les unes aux autres. A chacune d'elles, je fais deux trous pour recevoir un osier gros comme le petit doigt, à qui je fais faire l'arçon en bas.

Ces arçons peuvent se placer dans toutes les ruches, qu'elles soient rondes ou carrées, horizontales ou obliques en haut, qu'elles soient en paille ou en bois ou en bourdaine.

Les abeilles fixent leurs édifices sur ces baguettes, et cela permet de les enlever les uns après les autres, indépendamment les uns des autres, et de pouvoir, par conséquent, entretenir la propreté, enlever les provisions de trop, faire les essaims, etc.

Mais les inconvénients des rayons d'une seule pièce se reproduisent ici. Ainsi, les abeilles bâtiront peu ou mal en haut; pour y remédier, il faut recourir à la menuiserie, et briser le cadre en deux parties faciles à fixer ensemble et à maintenir en haut au moyen de simples targettes.

Le modèle que j'ai l'honneur de vous présenter a des cadres de ces deux façons, ce qui ne rend pas les ruches beaucoup plus coûteuses. M. Petit, ébéniste à Rennes, peut livrer les cadres à 1 fr. 50. Personne ne reculera devant une aussi minime dépense, qui procure des avantages inconnus dans tout autre système.

L'excellent rapport fait à Tours par M. le docteur Herpin me dispense de les exposer de nouveau; il suffit de renvoyer à ce rapport bienveillant, qui a parfaitement fait ressortir toutes les commodités que présente ce système de ruche. *(Extrait des procès-verbaux de la XVIe session du Congrès scientifique de France.)*

Les éléments d'apiculture que publie la Société d'agriculture, et dont elle doit la rédaction à la bonne collaboration d'un de ses membres, M. Marcille, ne pouvaient être présentés sous de plus heureux auspices que ceux mêmes de M. le docteur Debeauvoys; et la lecture de ce rapport fera apprécier la haute importance que peut recouvrer parmi nous la production du miel et de la cire, la supériorité des procédés employés pour les récolter sans détruire les abeilles, et l'intérêt qui, toujours et partout, s'est attaché à cette précieuse industrie.

Nous avons indiqué l'an dernier, dans le journal, les procédés employés par M. Lebreton, instituteur à Langon, pour la récolte du miel dans les anciennes ruches, sans faire périr les abeilles.

Depuis, la Société s'est félicitée de pouvoir citer, dans le département, un autre apiculteur très-habile, M. Panaget, de Corps-Nuds, qu'elle compte aujourd'hui au nombre de ses sociétaires.

M. Panaget, qui a un nombreux rucher à Corps-Nuds, pour lequel il a adopté l'usage des ruches à cadres verticaux, a formé également un rucher à Rennes, dans l'enclos de l'hospice Napoléon. Il a bien voulu y opérer, au mois de novembre 1861, en présence de ses collègues et d'une nombreuse assistance, le transvasement à ciel ouvert des abeilles de deux anciennes ruches dans une ruche nouvelle. La facilité et la précision avec lesquelles M. Panaget a effectué cette triple opération ont été très-remarquables.

M. Panaget a fait passer ses abeilles dans deux ruches vides; il a taillé dans les premières un choix de rayons de miel dont il a rempli ses cadres, puis il a réuni ses deux essaims dans la ruche nouvelle.

Pour opérer successivement sur ses deux ruches pleines, il a apporté chacune d'elles dans la salle de la réunion, l'a couchée horizontalement sur une table, a placé en face une autre ruche commune vide, en laissant entre elles un intervalle qui permît d'observer le passage des abeilles, qu'il a fait sortir de leur ruche par une légère insuflation de fumée de vieux linge brûlé, à l'extrémité de la ruche. Les deux essaims ayant été ainsi transvasés et déposés de côté, M. Panaget a rempli les cadres de sa nouvelle ruche; il l'a placée sur le plancher, en la superposant sur deux petites traverses, pour laisser un accès aux mouches; et ayant repris ses deux essaims, d'un coup de main il les a fait tomber sur le plancher, l'un à droite, l'autre à gauche de la ruche nouvelle, vers laquelle ils se sont dirigés instantanément sans prendre vol, s'écoulant à terre des deux côtés, vers leur nouvelle demeure, comme deux véritables petits ruisseaux.

M. Marcille, aujourd'hui vérificateur des poids et mesures à Rennes, forme un rucher près de cette ville, au Haut-Bignon, jardin de M. Domalain, à Saint-Hélier, qu'on pourra visiter, et sur lequel il démontrera l'application de ses enseignements.

La Société d'agriculture a offert deux ruches à cadres verticaux à M. le Directeur de l'Ecole normale, afin que les élèves instituteurs puissent y étudier l'apiculture; elle se propose de demander à M. le Maire de vouloir bien autoriser le placement de quelques ruches dans le Jardin-des-Plantes de la ville, à la vue du public, et elle espère ainsi faire connaître à tous l'exploitation des abeilles sans les détruire, et raviver dans le département, au profit surtout des plus nécessiteux, cette production qui leur coûterait si peu, et dont des étrangers plus habiles viennent bénéficier actuellement au milieu de nous.

P. HARDOUIN, *vice-président*.

Rennes, 1er octobre 1862.

A M. HARDOUIN,

Président de la Société départementale d'Agriculture.

Monsieur le Président,

J'ai l'honneur de vous adresser les renseignements que vous m'avez demandés sur les ruches à cadres verticaux et l'application de la méthode Debeauvoys dans notre département. Les détails que comporte cette question ne pouvant entrer dans le cadre d'une simple communication, je renverrai à l'ouvrage de M. Debeauvoys ceux qui désireraient se livrer à l'éducation des abeilles.

Depuis quelques années, l'art de l'apiculture a repris faveur en France. M. Debeauvoys en a été nommé à bon droit le restaurateur. Ses travaux, ses découvertes ont accompli un véritable progrès dont notre contrée, si favorable cependant à l'éducation des abeilles, n'a pas encore profité. Il ne fut pas compris ici; sa philanthropie ne s'en consolait pas, car, comme il me l'a dit depuis, il nous voyait ajourner, sinon manquer, un élément certain de bien-être pour nos campagnes. Je n'allais pas chez vous, m'a-t-il dit encore, pour faire prévaloir un système, pour débiter des recettes; je voulais vous crier bien haut: Ayez des abeilles! ayez des abeilles! Ce sont les chasse-misères, les véritables caisses d'épargne des campagnes, et les vôtres peuvent en entretenir presque à l'infini. Vous possédez des trésors à côté desquels vous souffrez, parce que les abeilles seules peuvent les exploiter, et vous ne savez pas en avoir.

Convaincu moi-même de ces vérités, j'ai vu avec le plus grand plaisir que la Société d'agriculture d'Ille-et-Vilaine, qui a tant fait pour les grandes améliorations agricoles, s'occupe aussi sérieusement des accessoires. Il était bien temps d'ailleurs que, pour cette branche si intéressante de l'économie rurale, la Société, sur votre proposition, prît une puissante initiative, et cela pour deux raisons:

1° L'extrême division de la propriété crée un nombre toujours croissant de tout petits cultivateurs dont la position empire de plus en plus. Cette classe déverse continuellement dans nos villes son excédant de personnel, faute d'emploi à la campagne. Il faut à tout prix lui créer des travaux assez largement rémunérés pour assurer son bien-être. Or, on n'établit pas, on n'invente pas à volonté une industrie accessible à toutes les bourses, à toutes les intelligences. Celle des abeilles est toute faite: très-peu d'avance, quelque aptitude tout au plus, un peu d'activité, et cela suffit pour l'exercer et en tirer de grands profits;

2° Si le pays ne s'empresse pas de s'assurer ces profits, des étrangers s'en empareront à notre détriment. J'ai vu, l'année dernière, des industriels venir de loin s'établir dans l'arrondissement de Vitré en véritables exploiteurs d'abeilles. Voici leur manière de procéder : Pour une modique somme, ils louent des abeilles pour trois ou quatre mois ; ils les transvasent dans leurs ruches et les promènent d'une campagne à l'autre pour butiner. Tous les quatre ou cinq jours ils récoltent le miel et la cire ; ils en retirent des quantités étonnantes. A la fin de la saison, ils rendent les abeilles, puis disparaissent emportant des bénéfices de deux à trois cents pour cent ! Ces bénéfices, tout le monde peut les faire comme eux, la chose est facile. Pourquoi ne les ferions-nous pas ?... Si nous profitons de la leçon, nous ne l'aurons pas payée trop cher ; mais il est temps d'agir.

La ruche à cadres verticaux, telle que M. Debeauvoys la construit aujourd'hui, est le résultat de bien des expériences. Elle a été primée à Londres, à Paris, et dans plusieurs expositions régionales ; elle a, du reste, suffisamment fait ses preuves auprès des praticiens. C'est qu'elle réunit trois avantages principaux qu'on recherchait depuis longtemps : Grande facilité : 1° pour la récolte du miel et de la cire, *sans destruction d'abeilles ;* 2° pour les transvasements et toutes les opérations que nécessite le bon entretien des abeilles ; 3° pour les essaims artificiels, les croisements et les renouvellements de population.

Deux de ces ruches vont être déposées dans la salle de réunion de la Société, où MM. les membres pourront en prendre une connaissance qu'une description ne donnerait qu'imparfaitement.

Je n'aurais voulu traiter la question qu'au point de vue général, et vous voulez, Monsieur le Président, que je vous parle du résultat de mes travaux.

Moi aussi, vous le dirais-je, j'étais à la recherche d'une solution : trouver une industrie accessoire pour les habitants de la campagne. Je crus avoir trouvé cette solution, après avoir vu à Rennes M. Debeauvoys, et avoir lu son ouvrage. Voulant faire de la propagande par l'exemple et entourer mon entreprise de tous les éléments possibles de succès, je résolus de voir le maître lui-même. Je trouvai un savant modeste, un homme bon et aimable, un praticien consommé qui, avec une complaisance extrême, me démontra les procédés qu'il a perfectionnés et le plus souvent inventés lui-même.

A mon retour, je m'occupai d'installer un rucher avec la ruche et d'après la méthode Debeauvoys. Je commençai avec peu, mais ce rucher a constamment progressé ; mes abeilles sont dans un état hygiénique parfait et bien à l'abri de la voracité de leurs ennemis. L'année dernière, année par excellence, j'avais des ruches qui, cinq semaines après avoir donné un essaim, pesaient 45 kilogrammes. Bien que cette année-ci soit mauvaise, à cause des pluies continuelles, elles sont néanmoins très-vigoureuses.

M. Robert, mon successeur, a bien voulu se charger de la direction de ce rucher, auquel nous espérons donner d'année en année une plus grande extension. Lui aussi est apiculteur. Il y a deux ans, il me seconda pour établir la ruche Debeauvoys chez le regrettable M. Aubrée-Levannier, à Gabard. L'année dernière, j'installai encore cette ruche au bourg de Gosné et dans la commune de Marpiré.

Je commençais donc à trouver des imitateurs. Je pouvais montrer de beaux résultats, il est vrai, mais j'étais seul dans cette voie, et, comme toujours, je rencontrais pour obstacles la routine et l'insouciance; je n'avais pas d'ailleurs assez d'abeilles pour fournir aux demandes qui m'en étaient faites. Si la Société d'agriculture prend cette cause en main, le succès sera plus prompt et plus assuré. Je me contenterai d'avoir fait le premier pas, et je serai heureux de me mettre à sa disposition si elle juge mon concours utile dans cette circonstance. MM. les instituteurs pourraient encore ici prêter leur concours à la Société. Ils trouveraient là de quoi occuper fort agréablement leurs loisirs et des avantages dont ils auraient bientôt apprécié l'importance. C'est bien des abeilles qu'il est vrai de dire qu'on reçoit toujours plus qu'on ne donne.

L'ouvrage de M. Debeauvoys étant l'indispensable guide de l'apiculteur, je crois que la Société servirait bien la cause en le propageant.

Le miel et la cire sont des matières qui seront toujours recherchées, quelle qu'en soit la production. Seulement il vaut mieux que le producteur exploite lui-même ses récoltes que d'avoir recours aux *mouriniers*. M. Debeauvoys indique des procédés très-faciles pour l'extraction de ces produits. Je dois signaler un autre avantage qui m'a été proposé. Plusieurs apiculteurs du nord de la France, et notamment le célèbre M. Antoine, de Reims, à qui nous devons le succès de la méthode d'enfouissement des abeilles, nourrissent pendant l'hiver leurs abeilles avec des miels de Bretagne, et vendent tous les leurs, qui sont d'un prix plus élevé. Nos cadres, expédiés avec leurs gâteaux, sont à leur arrivée employés en remplacement. On donne quelques jours aux abeilles pour faire les réparations que le transport aurait rendues nécessaires, puis on les enfouit.

Ces opérations, qui se font en octobre et novembre, assureraient à nos produits un écoulement commode et avantageux pour ceux surtout qui voudraient s'épargner l'embarras que donne l'extraction du miel et de la cire.

M. Debeauvoys, qui opère dans un pays moins favorable que le nôtre, estime à 20 francs, année moyenne, le produit d'une ruche. Les résultats que j'ai obtenus prouvent ces chiffres. Je puis donner, sur ce point, des détails précis et très-intéressants pour ceux qui, comme moi, désirent débuter avec peu et s'assurer un développement régulier et rapide. Qu'un jeune chef de ménage achète un essaim d'abord ; au bout de dix ans, il pourra avoir 50 ruches, et c'est le moins, qui lui rapporteront 1,000 fr. par an; ces intérêts ne demandent pas 200 fr. de capital, et encore ce capital est réparti sur dix années et fourni par les premiers produits des abeilles; il ne faut donc compter en déboursé que le prix du premier essaim et de la première ruche, soit 10 fr.

Que faut-il pour obtenir ces résultats? Ni labours ni engrais, mais des fleurs, et la Providence en a abondamment pourvu nos campagnes.

Rennes, le 20 juin 1860. MARCILLE.

(*Journal d'Agriculture pratique.*)

M. Marcille, invité à vouloir bien se rendre à la séance de la Société du 30 juin, a présenté à la réunion une ruche à cadres verticaux, confectionnée sous sa direction, et en a exposé le plan, l'organisation, l'utilité, pour les soins à donner aux abeilles et en obtenir le plus de produits *sans les détruire*.

La Société ayant exprimé ses remercîments à M. Marcille pour cet exposé, qui a été entendu avec beaucoup d'intérêt, a voté l'achat de cette ruche, et invité M. Marcille à vouloir bien continuer ses communications, qui seront publiées dans le journal de la Société, et réunies pour en former un manuel qui puisse mettre à la portée du plus grand nombre des cultivateurs le précieux enseignement de M. Debeauvoys.

L'APICULTURE.

Si quelqu'un venait annoncer qu'il vient de faire, dans notre département, une découverte devant rapporter un bénéfice d'un million de francs par an ; que la matière première n'appartient précisément à personne, mais qu'elle se trouve disséminée dans toute l'étendue du pays, et que chacun est libre d'en recueillir sa bonne part d'une manière aussi facile que peu coûteuse, il exciterait sans doute une grande surprise ; les plus indifférents demanderaient bien vite ce qu'ils ont à faire pour participer à ce bénéfice.

Eh bien ! la chose existe réellement, et en l'annonçant je n'ai nullement la prétention d'avoir fait une découverte. Calculons. Le département d'Ille-et-Vilaine contient 672,583 hectares en terres labourables, prés, jardins, landes, bois, forêts, etc., portant une quantité prodigieuse de plantes de toutes sortes. Toutes ces plantes contiennent, plus ou moins, mais sans exception, deux matières précieuses, le miel et la cire, dont les neuf dixièmes au moins sont perdus tous les ans, manque d'abeilles pour les cueillir. Il est reconnu que le pays pourrait entretenir une ruche par hectare. Pour faire largement la part aux objections, arrêtons-nous seulement à 600,000 hectares et à 300,000 ruches, en admettant une ruche pour 2 hectares, et fixons au minimum de 5 fr. le produit net annuel d'une ruche. Nous obtenons un total d'un million 500,000 fr., tandis que nous ne produisons pas actuellement pour 500,000 fr. de miel et de cire par an; donc nous en perdons pour un million.

C'est déjà assez joli. Mais que serait-ce si, au lieu de 300,000 ruches donnant chacune 5 fr., nous en avions 500,000 donnant 10 fr. et plus, comme cela peut très-bien se faire?

En vérité, nous avons bien mauvaise grâce de nous plaindre de notre misère, et nous sommes bien audacieux de vouloir que le ciel y compatisse. N'a-t-il pas dit à l'homme : Marche, avance, travaille! Aide-toi, et je t'aiderai? Voilà que je mets toute la nature à ta disposition; cherche, fouille et, avant de te plaindre, utilise toutes ces richesses; bientôt tu reconnaîtras qu'elle peut fournir à tous tes besoins, payer largement tes fatigues et tes sueurs. Mais travaille!.. Imite l'abeille; elle peut te donner des leçons qui valent mieux encore que ses produits.

Nous n'avons pas assez d'abeilles et nous cultivons mal le peu que nous en possédons. Le plus souvent elles sont déposées négligemment dans un coin perdu, parmi les herbes et les broussailles, où leurs ennemis trouvent un abri qu'elles-mêmes ne trouvent pas dans les ruches qu'on leur donne pour demeures. Nous n'en prenons plus nul souci, et nous consommons notre barbarie à leur égard en les détruisant pour nous emparer des trésors qu'elles ont si laborieusement amassés. La main avide de l'homme à la poule aux œufs d'or, ou celle de l'insensé qui abattrait son arbre pour en cueillir les fruits, est-elle plus inintelligente que la nôtre ?

Il ne suffirait donc pas de faire naître le goût de la culture des abeilles, de faire aimer la plus intéressante, la plus admirable des mouches, il faut encore opérer tout un progrès dans l'industrie, si nous voulons que le succès soit complet.

C'est ce que nous essaierons dans une suite d'articles bien simples, bien modestes. Laissant à de plus doctes le soin des minutieuses descriptions, des savants traités, souvent aussi stériles que profonds, nous nous bornerons à faire connaître les procédés les plus rationnels, les plus perfectionnés que nous enseignent nos modernes apiculteurs. Nous parlerons beaucoup de l'art, fort peu de la science, convaincu d'ailleurs que le désir d'être utile chez les uns, l'espoir du gain chez les autres, auront plus fait pour la réhabilitation des abeilles que notre voix, ni assez forte, ni assez persuasive, et que nous n'eussions jamais osé élever si la Société départementale d'agriculture ne nous avait fait l'honneur de s'en faire l'écho.

LA RUCHE.

La première chose que doit faire un apiculteur c'est de choisir une ruche. C'est de la ruche que dépendent le succès des opérations et la destinée même des abeilles. Une dizaine de ruches ont eu la vogue en France ; plusieurs jouissent encore d'une faveur bien méritée. Disons dès aujourd'hui que dans notre pays nous en sommes encore à la ruche primitive, à celle qui fut copiée sur le creux tortueux du vieux chêne, sur l'anfractuosité du rocher ou la crevasse de la masure. Si ces demeures suffisent aux abeilles à l'état sauvage, n'oublions pas, dit un célèbre apiculteur, que, sous notre puissance, elles deviennent nos tributaires, et que nous devons à la fois les faire fructifier pour nous et les soigner dans l'intérêt de leur bien-être et de leur propre conservation.

Des études physiologiques plus approfondies sur les abeilles ont permis d'établir des données sûres pour le perfectionnement des ruches. Rien ici n'est dû au hasard, tout est le résultat d'observations sérieuses, et si le progrès a été lent, c'est que les vrais observateurs ont été rares. Ce n'est qu'après avoir tout exploré que, dans ces derniers temps, l'on a enfin songé aux abeilles. Ni le bourdonnement de leur prodigieuse activité, ni l'excellence de leurs produits n'avaient pu les faire sortir de l'oubli. Las de conceptions chimériques, souvent sous le coup d'amères déceptions, les esprits sont revenus aux abeilles.

Pour réparer cet oubli, je dirais volontiers cette ingratitude, on a voulu les voir de plus près, les surprendre en quelque sorte dans leurs mystérieux travaux, et, tout en leur demandant des produits, améliorer aussi leur bien-être. De là ce grand nombre de ruches, aussi variées par la forme que par leur disposition intérieure.

La forme cylindrique ou conique et la forme carrée, le système à hausses et celui à cadres verticaux se disputent aujourd'hui la prédominance, et ont chacun leurs partisans. Il serait superflu d'exposer ici les raisons que l'on donne de part et d'autre pour faire prévaloir tel ou tel mode. Seulement, j'ai reconnu que l'habitude de se servir d'une ruche et des procédés qu'elle nécessite est souvent pour beaucoup dans la préférence qu'on leur accorde. A l'amateur qui, sans opinion préconçue, cherche un bon choix, je dirai donc : Telle ruche vous permet-elle de visiter, aussi souvent qu'il le faut et en détail, vos abeilles, leur ameublement, leurs travaux, d'y faire vos récoltes et tout ce que réclame un bon entretien, de même que vous visitez vos étables, votre bétail, vos moissons ? prenez-là ; ces conditions forment la véritable pierre de touche d'une bonne ruche.

On me permettra ici une petite observation qui a son importance. L'obstacle le plus sérieux qui s'opposera long-temps encore à la propagation des ruches perfectionnées, c'est leur prix. La ruche ordinaire coûte de 60 centimes à un franc. C'est déjà plus qu'elle ne vaut, mais il n'en est pas moins vrai que la meilleure des ruches, ne coûtât-elle que le double, soutiendra mal la concurrence auprès de la routine. Les amateurs intelligents seuls lui donneront la préférence. Puissent-ils être assez nombreux pour faire, par l'exemple, une rapide propagande !

J'insiste sur ce point, car qui veut la fin veut les moyens : une bonne ruche est aussi indispensable pour réaliser de grands profits que pour appliquer les bonnes méthodes d'apiculture, sans lesquelles ces profits ne sauraient exister. La ruche ordinaire loge passablement les abeilles ; celles-ci y amassent encore un peu de miel et de cire, y produisent des essaims, me dira-t-on ! J'admets, non sans restrictions, mais après ? Elles leur servent d'étouffoir, et c'est tout. Elles semblent être construites exprès pour cette unique opération, qui constitue toute la pratique actuelle de la culture des abeilles. On n'y trouve rien, absolument rien qui puisse se prêter à l'application des procédés perfectionnés. Je demandais un jour à un apiculteur pourquoi il ne combattait pas cette ruche. — Elle tombera toute seule, me répondit-il. Je désire qu'il n'ait pas jugé trop favorablement de notre bon sens.

La capacité d'une ruche ne peut être déterminée d'une manière absolue ; il faut la conformer aux ressources que chaque contrée offre aux abeilles. On peut réduire sans inconvénient celle des ruches perfectionnées, puisque les récoltes de miel et de cire permettent d'enlever tous les ans une portion des produits qui formeraient le trop plein. La ruche ordinaire, au contraire, ne saurait guère être trop grande ; comme on n'y enlève jamais rien, il arrive qu'au bout de deux ou trois ans elle est complètement remplie. Les abeilles, ne trouvant plus où s'étendre, se voient forcées de ralentir, de suspendre leurs travaux. Cette oisiveté forcée est leur ruine ; la population dépérit, et le maître s'en apercevant, la sacrifie entièrement, pour ne pas tout perdre, dit-il ; tandis qu'en enlevant une portion des gâteaux, il eût tout sauvé ; l'activité de ces infortunées ouvrières eût été ravivée, et elles auraient pu long-temps encore continuer de lui amasser des biens. Voilà où nous en sommes en fait d'éducation d'abeilles !

Pour mieux faire, il faut nécessairement changer notre vieille ruche.

J'ai adopté de préférence, pour mon usage, la ruche à cadres verticaux et à forme carrée de M. Debeauvoys, parce qu'elle m'a toujours paru satisfaire au programme le plus étendu.

Voici comment il la construit : Sur une table de 46 centimètres de longueur sur 40 de largeur, il fixe une boîte rectangulaire de 33 centimètres sur 38, et d'une hauteur de 35 à 40 centimètres. Cette boîte est en planches, en osier ou en tout autre bois pliant revêtu d'un enduit ou ciment à l'intérieur et à l'extérieur. A la partie supérieure s'adaptent les cadres ou châssis verticaux, au nombre de 9 ou 10, espacés les uns des autres de 36 millimètres, dimension de rigueur, et descendant à un centimètre près du plateau de la ruche.

Les deux côtés de la boîte font office de portes qui s'enlèvent à volonté. C'est par ces portes, ainsi que par la partie supérieure de la ruche, que l'on enlève, un à un, les cadres garnis de gâteaux, toutes les fois que l'on veut les visiter ou faire une récolte.

Le tout est surmonté d'un petit toit en bois ou en chaume, et se pose à place sur un tabouret à quatre pieds évasés, d'une hauteur qui ne doit pas être moindre de 30 centimètres. Telle est la ruche Debeauvoys. On voit combien sont faciles, avec une telle ruche, les opérations, les inspections les plus délicates, les plus minutieuses, puisque toutes les pièces s'en démontent une à une et permettent d'y voir, d'y lire comme dans les feuillets d'un livre. Les diverses opérations que nous aurons à décrire feront de plus en plus ressortir les avantages de cette heureuse combinaison, et si l'expérience nous a fait y apporter quelques légers changements, cela n'en détruit nullement les dispositions générales.

Si on suppose la ruche Debeauvoys coupée parallèlement à la base et à 24 centimètres de son sommet, on obtient une tête de ruche ayant les dimensions suivantes : 24 centimètres de hauteur, 38 centimètres de longueur et 33 de largeur ; la disposition intérieure se compose de dix cadres espacés entr'eux de 36 millimètres et devant avoir de 22 à 23 centimètres de longueur. On a ainsi la moitié de la nouvelle ruche. Pour l'avoir complète, il faut joindre, par leurs bases, deux moitiés semblables séparées entr'elles par une cloison dans laquelle se trouvent les ouvertures pour l'entrée et la sortie des abeilles ; ces ouvertures sont disposées de manière à ne permettre l'entrée que dans la partie supérieure de la ruche.

Tout le système est maintenu ensemble par des crochets ou par tout autre moyen d'attache qui en assure la solidité.

On voit que cet ensemble se compose de deux ruches opposées l'une à l'autre et dont chacune peut devenir alternativement le sommet ou la base, mais que les abeilles n'occupent jamais que la partie supérieure.

Quand on veut visiter cette partie, on renverse la ruche, on enlève la cloison, et on oblige les abeilles à monter dans la partie supérieure qui est vide. Cette opération est d'autant plus facile qu'il entre dans les habitudes des abeilles d'occuper toujours le sommet de leur demeure. Ce déménagement des abeilles étant fait, on replace la cloison, et on s'empare de la partie inférieure de la ruche, qui se trouve ainsi débarrassée des abeilles. Cette manœuvre, aussi simple que facile, et sans aucun danger, se renouvelle chaque fois que l'on désire faire une visite ou une récolte; elle facilite encore singulièrement l'opération des essaims artificiels, comme on le verra plus tard. Les avantages de cette combinaison ressortent suffisamment de ce qui précède.

Les abeilles ont le caractère violent; elles repoussent avec fureur toute agression; et cependant il faut pénétrer jusqu'à elles, jusqu'au centre de leur demeure, de leurs trésors. C'est alors qu'on se trouve en présence de la seule difficulté qu'offre l'éducation des abeilles; il faut à tout prix trouver le moyen de calmer ou de rendre inutile cette juste fureur avec laquelle elles défendent leur cher foyer. Les tuerons-nous encore? Oh! non; c'est trop inhumain. Nous les séparerons de leurs produits qu'elles gardent si bien, nous les isolerons, nous les séquestrerons pour quelques instants, puis nous pourrons opérer tout à notre aise; elles ne s'apercevront pas même que nous les dépouillons. Nous les rétablirons ensuite dans leur domicile, et elles s'occuperont immédiatement et avec une nouvelle ardeur à réparer les désastres que nous y aurons pu commettre.

Notre nouvelle ruche réunit à elle seule les avantages des ruches à cadres et des ruches à hausses. Elle rend inutiles les ruches supplémentaires et les divers petits appareils que nécessitent les transvasements et l'isolement des abeilles. Ainsi, quoique compliquée en apparence, elle simplifie singulièrement le matériel et les opérations.

Le corps de la ruche peut se construire en bois plein ou en clisse d'osier, ou de tout autre bois pliant. Cette dernière construction coûte moins et peut être exécutée par les gens de la campagne pendant les longues soirées d'hiver. Je les ai vus souvent confectionner, sans apprentissage, des cages et des paniers qui demandaient plus d'adresse. Je crois devoir entrer dans quelques détails propres à faciliter cette construction.

Pour chaque moitié de ruche, on forme deux petits châssis égaux, assemblés à mi-bois. Quatre petits rondins bien francs, de châtaignier ou de saule, fendus en deux, fourniront les huit tringles nécessaires pour construire ces deux châssis, dont l'un formera la base et l'autre le sommet de ce premier corps de ruche. Ils seront reliés entr'eux à une distance de 24 centimètres par des montants de même bois, gros au plus comme le pouce, et fixés à chaque châssis par deux pointes; il y en aura six sur la plus longue face et quatre sur l'autre. Il ne reste plus qu'à clisser cette petite cage et à l'enduire pour avoir une moitié de ruche.

La cloison se composera d'un autre châssis dont les bords seront plus épais, afin d'y pratiquer les entrées pour les abeilles; l'intérieur de ce châssis pourra être formé d'un treillage assez rapproché pour ne pas permettre de passage aux abeilles; cela dispensera de la toile métallique.

Les cadres sont absolument les mêmes que dans la ruche en menuiserie. Les tringles supérieures, qui se superposent sur le sommet de la ruche, doivent avoir 36 millimètres de largeur; on fixera à chacune un petit cadre formé de deux montants et de deux traverses; de petites baguettes fendues en deux suffiront encore pour ce travail. Les montants doivent être assez écartés pour affleurer les deux côtés internes de la ruche à moins d'un centimètre près, et descendre à la même distance de la cloison. Ils sont fixés par des pointes à la tringle supérieure qui les supporte. La traverse supérieure affleure cette tringle et doit avoir une saillie en dessous de 2 à 3 centimètres; l'autre tringle se fixe à 3 ou 4 centimètres de la base des montants. Huit de ces cadres suffisent pour une ruche de grandeur ordinaire, dont la longueur doit être dans ce cas de 29 centimètres.

Je ferai remarquer qu'il est important que toutes les ruches, et par suite les cadres aient les mêmes dimensions, puisqu'ils doivent tous se remplacer au besoin.

L'enduit peut être tout simplement ce mélange de terre glaise et de bouse de vache, connu sous le nom d'onguent de Saint-Fiacre; en y ajoutant un peu de sciure de bois bien fine, on obtient un ciment qui se crevasse moins au soleil. Il faut l'appliquer bien uniformément et le presser assez pour le faire jaillir à l'intérieur de la ruche, où, étant étendu, il donne un peu de poli à la clisse et forme une espèce de rivet qui en assure la solidité.

Le ciment romain, mélangé à de la sciure de bois, est également très-bon pour cet usage. Je me borne à l'indiquer, car je tiens essentiellement à ce que tous les matériaux nécessaires pour confectionner la ruche se trouvent sous la main des gens de la campagne; ce sera bien assez de leur apprendre à s'en servir.

Un toit en chaume recouvre la ruche; on le construit dans la forme d'une trémie renversée; quatre baguettes, réunies au sommet et reliées à leur base par quatre traverses qui en maintiennent l'écartement, forment toute la charpente de ce toit; quelques traverses intermédiaires soutiennent mieux le chaume et donnent plus de solidité à l'ensemble.

LE RUCHER.

Je ne connais pas de localités dans notre département où les abeilles ne puissent prospérer ; il leur offre partout des ressources aussi variées que multipliées. Le pays, sous ce rapport, n'a guère changé depuis cent cinquante ans, époque où, selon les Labourdonnais et autres, on blanchissait à Rennes *cinq cent mille livres de cire par an.* Si aujourd'hui nous sommes loin d'une telle production, cela tient plutôt au manque d'abeilles qu'au défaut de ressources pour les entretenir.

Il n'est non plus aucune propriété qui n'offre un emplacement convenable pour l'établissement d'un rucher. Le choix du lieu n'est pas soumis à des conditions bien nombreuses ni bien rigoureuses. On a vu des abeilles réussir dans presque toutes les positions ; cependant on conseille généralement de préférence celle du sud-est.

Les lieux malsains aux hommes et aux animaux le sont également aux abeilles ; il faut donc les éloigner des terrains marécageux, des eaux croupissantes et infectes, des fumiers et autres immondices en décomposition.

Les abeilles aiment la solitude ; le tumulte, les trop grands mouvements les inquiètent, et elles se jettent sans pitié sur ceux qui les produisent. Une petite haie vive, formée autant que possible d'arbrisseaux à fleurs odoriférantes, devra entourer l'enclos qui leur sera destiné, afin d'en interdire l'entrée aux troupeaux. On y mettra quelques arbres fruitiers, dont les fleurs printanières attireront toujours les abeilles sans les exposer aux longues courses, souvent dangereuses pour elles dans la première saison de leurs travaux. On y joindra autant que possible les plantes aromatiques et celles dont les abeilles recherchent plus particulièrement les sucs. La plupart des arbres, des arbrisseaux, des fleurs d'agrément sont dans ce cas. Il ne faut pas trop s'effrayer des quelques dépenses que ces dispositions exigent, car en cherchant ici l'agréable, on est sûr de trouver aussi l'utile. Et d'ailleurs, combien de parcs, de jardins, de parterres offrent déjà ces avantages et semblent ne plus attendre que des abeilles pour les visiter ?

Il faut, toutefois, éviter d'entourer le rucher, comme cela se voit quelquefois, d'un rideau impénétrable d'arbres trop élevés, car les abeilles arrivant chargées, surprises par un mauvais temps, contrariées dans leur vol par un gros vent, ne peuvent se relever assez pour franchir cette barrière ; elles sont jetées dans les herbes et les broussailles d'où elles ne peuvent plus se dégager ; la pluie continue, un refroidissement atmosphérique arrive ; elles périssent à l'entrée du port.

Il ne faut pas moins rejeter toute exposition trop rapprochée au midi ou au nord d'un mur. Mieux vaut placer les abeilles à l'air libre, sans abri. Elles savent, du reste, prendre toutes les directions dès qu'elles ont reconnu les lieux environnants qui leur promettent le plus riche butin. Les ouvertures placées sur les quatre faces de la ruche favorisent encore leur essor vers les points qui, selon les saisons, offrent le plus de ressources.

L'usage le plus généralement suivi est de réunir les abeilles dans le même lieu. Dans ce cas, il doit être rapproché des maisons d'habitation, afin de rendre la surveillance plus facile et d'intimider les amateurs nocturnes d'abeilles. Dans les vastes enclos, comme les parcs, il serait peut-être mieux de disséminer les ruches sur toute l'étendue du terrain.

Dans l'un et l'autre cas, on doit tenir compte du nombre de ruches que l'on désire atteindre, et ici, il est bon de savoir se borner et de ne pas augmenter sans mesure un rucher, car, au lieu d'accroître les produits, on pourrait très-bien arriver à une ruine totale.

Il faut calculer comme dans la formation d'un troupeau, en se basant sur les ressources alimentaires. Mieux vaut cinquante ruches qui prospèrent que cent qui dépérissent.

Dès que les abeilles vont aux fleurs, elles vont également à l'eau. Il est indispensable de leur en procurer. S'il ne s'en trouvait pas dans le voisinage du rucher, il faudrait y suppléer en emplissant des baquets peu profonds d'une eau bien saine, dans lesquels on planterait quelques herbes aquatiques, qui servent de planches aux abeilles et les empêchent de se noyer, comme cela leur arrive trop souvent dans les grandes nappes d'eau ou dans les courants rapides.

Les abeilles savent faire régner l'ordre et la propreté dans leurs demeures. Le cultivateur d'abeilles doit en faire autant pour le rucher; celui-ci doit être autant que possible l'image de la ruche. Les vieilles haies, les broussailles abritent une foule d'animaux, d'insectes, qui sont autant d'ennemis des abeilles. Il faut faire disparaître ces repaires. Un simple gazon, quelques massifs de fleurs, de plantes mellifères, voilà la meilleure ornementation d'un rucher.

L'établissement d'une colonie d'abeilles est une opération qui demande une certaine expérience. Si on possède déjà des abeilles, il ne s'agit que de les transporter d'un lieu à un autre pour créer une nouvelle colonie.

Ce transport exige des précautions qu'il serait imprudent de négliger. On peut l'opérer de novembre en mars, et toujours le soir ou de grand matin, par un temps sec, mais non par les trop grands froids de l'hiver. On enlève la ruche de dessus son siége; on la pose sur une toile grossière, une serpilière, par exemple; on en relève les bords autour de la ruche et on les serre avec une corde. De cette manière, les abeilles reçoivent suffisamment d'air et ne peuvent sortir de la ruche.

Toutes choses ainsi préparées, on renverse les ruches et on les transporte à dos d'homme sur une espèce de brancard, ou même dans une voiture, suivant les routes et les distances à parcourir. Il faut éviter le ballottement et les secousses qui pourraient briser les rayons de miel. Les ruches à cadres exposent moins à ces accidents, car les gâteaux sont fixés sur une plus grande étendue, mais il n'en faut pas moins renverser les ruches. Si on emploie une voiture, il est bon qu'elle soit sur ressorts; on la garnit encore de paille pour amortir les secousses.

L'opération se complique si on ne possède pas d'abeilles. En effet, l'achat des ruches offre plusieurs difficultés : d'abord, les *mouriniers* jouissent d'un privilége qui monopolise entre leurs mains ce genre de commerce. Ils savent non seulement exploiter la marchandise, mais encore les préjugés, les superstitions qui existent dans nos campagnes à l'endroit des abeilles.

Je citerai un fait qui fera juger du reste :

Voulant me procurer une ruchée, je m'adressai à un propriétaire d'abeilles qui en possédait de 150 à 200 ruchées. C'était toute sa fortune, et avec cela il faisait vivre sa petite famille à l'aise, bien encore qu'il n'extrayait pas lui-même son miel et sa cire; ce qui lui faisait perdre la moitié des profits. Voulez-vous me vendre une ruchée, lui demandai-je? — Mais vous n'êtes pas un marchand de mourines? — Non; ce n'est pas pour détruire vos abeilles que je désire en acheter; c'est, au contraire, pour les faire vivre. — Oh! dans ce cas, Monsieur, je ne puis vous en vendre; cela me porterait malheur, causerait ma ruine.... C'est bien vrai ce que je vous dis là, et tous les *mouriniers* vous le diront comme moi.

Je vis que je perdrais mon temps à combattre une telle absurdité. J'examinai une ruchée et je demandai à notre homme combien il pensait la vendre à son marchand : 20 fr., me dit-il, après en avoir apprécié le poids. J'en offris 30 fr. et je ne fus pas écouté. A 40 fr., je m'aperçus que le préjugé était combattu par un sentiment plus fort. Il consentit enfin à m'accorder sa ruchée, mais à condition que j'en garderais le secret et que je l'enlèverais au beau milieu de la nuit. Il n'aurait jamais voulu m'en vendre deux.

Je ne conseillerai pas cependant de s'adresser aux mouriniers, car ils ne vendront que les plus mauvaises, et encore à des prix exorbitants.

Je dirai à ceux qui se trouvent en présence de ces difficultés d'employer un moyen qui m'a bien réussi, c'est d'acheter aux ventes mobilières, qui se font très-fréquemment dans les campagnes.

On peut acheter des ruchées dans tout le cours de l'année, si l'occasion s'en présente, et à la condition de ne les enlever qu'à l'hiver. Cependant les époques les plus favorables sont à l'essaimage et au mois d'octobre.

L'essaimage a lieu, sous notre climat, depuis la fin de juin jusque vers la mi-août. Les premiers et les derniers essaims sont moins estimés. En voici la raison : depuis la fin de la floraison des prairies jusqu'à la floraison des blés-noirs, il y a un intervalle où les campagnes sont dépourvues de ces grandes masses de fleurs qui permettent à un essaim de travailler aussitôt son installation dans sa nouvelle ruche. Les essaims de juin arrivent précisément au commencement de cet intervalle. Aussi arrive-t-il fréquemment que, ne trouvant pas de matériaux pour commencer leurs travaux, ils abandonnent leurs ruches pour errer dans la campagne ou pour retourner à la ruche-mère. J'ai vu, cette année, un essaim sortir trois fois dans l'espace de vingt jours, et rentrer chaque fois à la ruche-mère après cinq et six jours de résidence dans la nouvelle demeure. Ce n'est que vers la fin de juillet qu'il s'est définitivement fixé; c'était aussi l'époque où les blé-noirs entraient en pleine floraison.

Les essaims tardifs ne trouvent plus assez de ressources pour construire leurs gâteaux et y amasser un approvisionnement suffisant pour passer l'hiver. Ils périssent de bonne heure si on ne leur fournit des moyens d'existence, ce qui est toujours coûteux. Souvent aussi ils abandonnent leur ruche pour aller en piller d'autres, soit au loin, soit dans le rucher même, et sont ainsi une cause de désordre et de carnage.

Quelques apiculteurs marient ces essaims avec d'autres déjà un peu approvisionnés, mais faibles de population. Nous parlerons plus tard de cette opération qui, bien exécutée, enrichit le rucher et sauve d'infortunées abeilles presque infailliblement condamnées à périr.

Les ruches à cadres permettent une autre combinaison qui m'a bien réussi. Au moment de la récolte, je garde des cadres garnis de miel. J'achète des essaims tardifs qui, vu le peu de cas que l'on en fait dans la campagne, ne coûtent guère qu'un franc l'un. A l'automne, j'enlève ceux de leurs cadres qu'ils n'ont pas remplis ou qui ne contiennent pas de miel, et je les remplace par mes cadres de réserve qui leur apportent une ample provision. Ce moyen est facile, aussi économique que possible et d'un succès assuré. Seulement, il ne peut être employé à un début.

Lors donc que l'on veut acheter des essaims, on doit préférer ceux qui viennent depuis le 15 juillet à la première semaine d'août.

Plusieurs ruches jettent jusqu'à deux et trois essaims dans l'année. Les premiers sont toujours les meilleurs.

Un bon essaim doit peser environ 3 kilogrammes. On estime généralement que chaque kilogramme d'abeilles en contient 10,000.

Un essaim dans les conditions que nous venons d'énumérer, et possédant surtout une jeune reine ou abeille-mère, est un fort bon essaim que, dans notre contrée, on ne doit pas hésiter à payer 5 et 6 fr.

L'année 1860 marquera comme une des plus désastreuses pour l'apiculture. Il n'y a eu que peu ou point d'essaims, et encore sur le nombre combien pourra-t-on en sauver cet hiver? Les vieilles ruchées même n'ont pu suffisamment s'approvisionner, et presque partout on a déjà dû commencer à les secourir par une nourriture artificielle.

D'après ce que nous apprenons, notre contrée est une des moins maltraitées de la France, et cela grâce à nos blé-noirs et à nos bruyères.

Le miel et la cire ont éprouvé une hausse considérable. Par suite, les ruchées, bien qu'elles soient généralement dans des conditions peu rassurantes, ont presque doublé de valeur. Ces motifs nous ont engagé à conseiller aux nombreux amateurs qui nous avaient prié de leur en procurer, d'attendre une année plus favorable.

Les essaims seront cher l'année prochaine, car il y aura bien des vides à combler, et ils seront recherchés par les étrangers encore plus que d'habitude. Nous croyons devoir donner ces avis dans l'intérêt de nos possesseurs d'abeilles et pour empêcher toute surprise.

L'essaim acheté, comme on dit, à la branche et recueilli dans une ruche, peut être transporté le soir même au domicile de l'acheteur; il serait peut-être mieux de le laisser au rucher d'où il est sorti jusqu'à l'entrée de l'hiver, si surtout la localité pour laquelle il est destiné est moins riche, au point de vue agricole, ou diffère essentiellement de celle où il est acheté.

Lorsque l'on achète à l'automne, le choix des ruchées, au point de vue de leur conservation, demande une certaine expérience.

M. Debeauvoys donne sur ce sujet des conseils qu'il est bon de connaître et de mettre en pratique.

On achètera, dit-il, de préférence les ruches qui

ont jeté un essaim, car on sera certain d'avoir une jeune reine, puisqu'il est démontré que c'est toujours la vieille qui part la première pour aller fonder une nouvelle colonie. Il ne faudra pas tenir compte de la couleur enfumée des rayons, si la ruche est bien lourde ; et quand ils sont bien jaunes et qu'ils tombent jusque sur le tablier, il faut voir s'ils n'ont pas été rognés au printemps précédent.

Les bonnes ruchées sont parfaitement soudées au tablier, et lorsqu'on les frappera du doigt, les abeilles devront répondre par un bruit sourd et profond longuement prolongé. Si au contraire le bruit est sec et argentin, la ruche a peu d'habitants et est mal approvisionnée. Les gardiennes, après ce choc, ne doivent pas tarder à venir à la porte voir ce qui se passe.

La ruche détachée et renversée doit présenter ses rayons tout couverts d'abeilles, dont le plus grand nombre offrira un point blanc sur le dernier anneau. Elles auront leurs ailes peu frangées et le corps lisse et luisant ; le tablier sera propre. S'il y avait des mâles, il faudrait bien se garder d'acheter la ruchée, car la reine n'existe pas.

Le poids d'une bonne ruchée peut varier de 15 à 20 kilogrammes. Ce dernier poids est assez rare avec nos ruches communes. Il faut prendre garde que ce poids ne dépende de l'enduit dont la plupart des ruches en bourdaine ou en osier sont recouvertes. Il est indispensable de sentir l'intérieur de la ruche, car elle peut être lourde, avoir une assez forte population, et cependant être attaquée de la pourriture du couvain qui se manifeste par une odeur détestable. La seule odeur que l'on doive trouver est celle bien connue du miel et de la cire.

L'usage étant d'acheter au poids, il est essentiel de s'assurer qu'il n'y a pas de fraude sous ce rapport, et que la qualité de la marchandise est bonne. C'est, comme on le voit, à quoi tendent les conseils de M. Debeauvoys.

Comme il serait extrêmement difficile, pour ne pas dire impossible, d'obtenir séparément le poids de la ruche et des divers éléments qui en forment le contenu, on pèse et on achète le tout ensemble à un prix qui peut varier de soixante-dix centimes à un franc le kilogramme.

Les ruches à cadres ont encore ici un avantage important, puisqu'on en peut visiter tout le contenu avant de rien conclure.

Nous avons cru devoir entrer dans tous ces détails, car nous savons combien de personnes se proposent de se livrer à la culture des abeilles, et auront par conséquent à s'occuper de ces achats.

M. Debeauvoys nous guidera encore pour l'installation des abeilles au rucher. Voici ce qu'il dit : « Lorsque les abeilles ont été transportées à une certaine distance, il faut leur donner la liberté aussitôt qu'elles sont arrivées à leur destination. Agitées par le voyage, elles se sont échauffées et ont besoin d'air ; mais si on les laisse dans le voisinage du rucher d'où elles proviennent, il faut prolonger leur captivité. On a soin, pendant plusieurs jours, de leur ouvrir tous les soirs, pour faciliter le renouvellement de l'air, et on les ferme avec soin tous les matins. En hiver il est inutile de les retenir captives. C'est une faute des plus graves que de changer de place, ne fût-ce que de quelques centimètres, une ruche qu'on aurait établie depuis quelques jours dans un lieu qui ne convient plus. Si on la porte à quelque distance, on voit les abeilles, pendant plusieurs jours, se tenir suspendues par le vol au-devant de l'endroit où était la ruche, s'y abattre et s'y grouper. »

Ces déplacements ne sont propres qu'à tourmenter inutilement les abeilles, à leur faire perdre du temps et à les exposer à bien des dangers. Elles ne doivent pas plus bouger qu'un vieux chêne, dit Gélieu.

Lorsque les ruchées sont rassemblées dans un même lieu, elles ne doivent pas être trop rapprochées les unes des autres. Si on les établit sur plusieurs lignes parallèles, il faut au moins un espace de deux à quatre mètres entre chaque ligne. Ces dispositions ne sont pas seulement à l'avantage des abeilles, mais encore à l'avantage de celui qui doit s'en occuper.

ENTRETIEN DU RUCHER.

Nous sommes enfin parvenus à nous procurer des abeilles, à les installer convenablement, et, quelle que soit la ruche que nous avons adoptée, nous sommes bien résolus à ne plus massacrer nos précieux insectes pour nous emparer de leurs produits. Si nous n'avions pas pris cette essentielle détermination, nous n'aurions plus à nous occuper de nos ruchées jusqu'au moment de les exploiter ; nous dormirions tranquillement, et les choses iraient comme elles pourraient. Seulement, nous veillerions à ramasser nos essaims et à étouffer, en temps opportun, quelques-unes de nos colonies, comme le fait aujourd'hui la presque totalité de nos possesseurs d'abeilles. Il est temps d'abandonner cette routine meurtrière.

En installant nos abeilles, c'est comme si nous avions planté un arbre : nous voulons qu'il nous donne des fruits, mais aussi qu'il vive, qu'il prospère. Pour cela, nous lui devons bien quelques soins. C'est, du reste, une loi générale qui s'applique à tous les êtres que nous assujettissons à notre domination. L'art de l'apiculteur est tout entier dans ces soins. Avant d'entrer dans tous les détails qu'il comporte, il est indispensable de faire connaissance avec les divers habitants qui composent une colonie, une ruchée d'abeilles, et les divers travaux qu'ils y exécutent.

Trois sortes d'individus composent une colonie au moment de l'essaimage :

1° Une seule mouche femelle et féconde, qui porte généralement, quoique contesté, le nom de reine ; c'est la mère de toute la famille ;

2° Des ouvrières, au nombre de plusieurs milliers ;

3° Des mâles ou faux-bourdons, au nombre de quelques centaines.

La mère-abeille a toutes les parties du corps plus

développées et est plus longue de plus d'un tiers que les ouvrières ; ce qui la rend facile à distinguer à l'œil le moins exercé. Son abdomen, plus allongé, fait paraître ses ailes plus courtes ; sa nuance est d'un roux jaunâtre ; elle est, comme les ouvrières, armée d'un dard ou aiguillon. Elle ne sort jamais de la ruche que dans deux circonstances solennelles : pour se faire féconder et pour essaimer. La fécondation n'a lieu qu'une fois pour toute sa vie, qui, dit-on, ne dépasse pas cinq à six années. Pendant tout ce temps, sa seule occupation est de pondre. Sa prodigieuse fécondité, les égards, les soins dont l'entourent les ouvrières, prouvent que le plus impérieux besoin des abeilles est de se multiplier. De sa conservation dépendent leur propre existence et leur prospérité ; vient-elle à manquer sans laisser l'espoir d'être remplacée, la famille, dont elle était le lien nécessaire, se dissout et périt infailliblement.

L'importance de la mère-abeille et la sollicitude dont elle est entourée par la famille, nous indiquent à nous-mêmes quelles précautions nous devons prendre, avec quelle attention nous devons veiller à sa conservation dans toutes les opérations qui nécessitent un transvasement, une manipulation de la colonie.

Les ouvrières sont ces nombreuses et actives abeilles que nous voyons courir la campagne, garder et ventiler les entrées de la ruche ou se livrer aux travaux intérieurs de l'habitation. On les désigne sous les noms de butineuses ou pourvoyeuses, de cirières, de gardiennes ou de nourricières, selon qu'elles remplissent l'une ou l'autre de ces fonctions. Elles sont d'une teinte gris-jaunâtre qui brunit avec l'âge. Il est aujourd'hui reconnu que ces abeilles sont des femelles imparfaites, stériles.

Uniquement vouées au travail, chargées de tous les soins de la colonie, elles s'en acquittent sans désordre, sans confusion, se prêtant un mutuel concours, et avec une ardeur qui ne connaît pas de fatigues. Leurs membres sont autant d'instruments dont elles se servent pour cueillir, transporter et construire. La merveilleuse organisation de la famille se retrouve dans l'individu.

Il est difficile de bien préciser la durée de l'existence des abeilles. La population se renouvelant sans cesse, les vides laissés par celles qui disparaissent sont aussitôt comblés. Les générations se succèdent sans secousses, sans bouleversements. Soit qu'elles meurent de vétusté ou de mort violente, on croit généralement que bien peu d'abeilles dépassent une année. On est porté à admettre ce fait en considérant leur prodigieuse activité et les dangers de toutes sortes auxquels elles sont exposées. L'étonnante fécondité de la mère-abeille, qui, selon quelques calculs, peut pondre jusqu'à 60.000 œufs par an, ne semblerait-elle pas aussi lui avoir été donnée par la prévoyante nature en vue de cette brièveté de l'existence des abeilles ? Que n'a-t-elle prévu encore les étouffeurs !

Les mâles ont le corps gros et aplati, plus foncé

et plus velu que celui des abeilles ; l'extrémité postérieure est dépourvue d'aiguillon. Leur seule fonction bien connue est de féconder la reine ; un seul suffit pour cela, et on prétend que la mort suit cet acte.

Les mâles n'apparaissent qu'à l'époque de l'essaimage ; alors, ils sortent fréquemment de la ruche, font quelques évolutions dans l'air et rentrent presque aussitôt ; il est facile de les reconnaître à leur grosseur et surtout au bruit plus prononcé qu'ils font en volant, lequel leur a fait donner le nom de faux-bourdons.

Si on les examine dans l'intérieur de la ruche, on les trouve réunis sur le tablier, dans un repos qui annonce leur indifférence, leur apathie. Ils sont d'ailleurs dépourvus d'organes, d'instruments qui les rendent propres au travail.

Leur existence ne dépasse pas deux à trois mois, et leur fin est des plus triste. Aussitôt après l'essaimage, et lorsqu'il ne reste plus de femelles à féconder, les ouvrières les massacrent impitoyablement, et aucun n'échappe à ce carnage. Elles mettent quelquefois un sursis à cette exécution, c'est lorsque la colonie a perdu sa reine ; elle les conserve pour féconder celle qu'elle attend en vain.

Nous allons parler maintenant des travaux, des constructions admirables des abeilles.

Les abeilles emploient deux matières pour leurs travaux intérieurs : la propolis et la cire.

La propolis est une matière gluante, résineuse,

une sorte d'enduit dont les abeilles se servent pour mettre la ruche à l'abri de l'humidité, des courants d'air, et consolider leurs travaux; elle en est comme vernissée à l'intérieur; les jointures, les inégalités en sont plus abondamment pourvues; cette substance collante sert encore à souder la ruche au tablier. Les abeilles récoltent particulièrement la propolis sur les peupliers, vers la fin de l'été, et c'est un de leurs travaux les plus pénibles. Elles la détachent avec les mandibules des parties de l'arbre où elle se trouve, et la réunissent sous forme de pelotes dans les corbeilles, espèce de paniers à provisions qu'elles ont à la troisième paire de pattes, c'est-à-dire les plus en arrière. C'est dans ces mêmes corbeilles qu'elles apportent le pollen, autre substance dont nous parlerons bientôt.

La cire est cette substance précieuse que tout le monde connaît, et qui, mélangée à un peu de propolis, sert à construire les gâteaux ou rayons. Ceux qui croient encore, et ils sont nombreux, que la cire s'extraie directement des plantes et qu'elle est cette matière que l'on voit pelotonnée aux pattes des abeilles se trompent beaucoup. Les abeilles appelées cirières sont spécialement chargées de la production de la cire qu'elles extraient du miel. Ont-elles à construire un rayon? elles avalent une certaine quantité de miel, et lui font subir une préparation qu'on a improprement, je crois, appelée digestion, laquelle le transforme en cire. Elles la sécrètent en forme de lamelles dans des membranes placées sous l'abdomen entre les écailles qui en forment les demi-anneaux. C'est là qu'avec leurs jambes postérieures elles la saisissent, la portent à leurs mandibules, la mastiquent, en font une pâte avec laquelle elles construisent leurs édifices.

Deux matières aussi, outre l'eau, composent l'alimentation des abeilles : le pollen pour les jeunes larves ou couvain, et le miel pour les abeilles à l'état parfait.

Le pollen n'est autre chose que cette poussière blanche, jaune, rouge, etc., qui se trouve sur les étamines des fleurs. M. Debeauvoys donne sur cette matière des détails très-importants, pour nous surtout, attendu qu'ils tendent à détruire une erreur généralement répandue dans nos campagnes, et qui a de fâcheuses conséquences dans la pratique.

Le pollen, dit-il, mélangé au miel dans de certaines proportions, et après une préparation convenable, sert de nourriture aux jeunes larves jusqu'au moment où elles vont se métamorphoser. Aussi n'est-il apporté à la ruche que lorsqu'elle contient des vers ou larves. Mais si la reine périt ou cesse de pondre, on n'en voit plus aux pattes des abeilles qui viennent des champs. Elles continuent cet approvisionnement sur les dernières fleurs, afin que si la reine vient à pondre pendant l'hiver, elles puissent préparer la bouillie des petits qui périraient immanquablement s'ils ne recevaient que du miel pour nourriture. Les grandes quantités de pollen que l'on trouve dans certaines vieilles ruches mortes prouvent bien évidemment qu'il n'est pas le pain des abeilles, mais bien le condiment, l'assaisonnement de l'aliment des larves. Ce fait a une très-grande importance pratique, et on ne saurait trop en répandre la connaissance, parce que les cultivateurs qui pensent que le pollen sert à former la cire laissent vieillir leurs ruches dans l'espoir d'avoir une plus grande quantité de cette matière. Il arrive précisément le contraire, car les vieux rayons fournissent très-peu de cire, tandis que ceux de l'année en sont presque entièrement composés. Disons donc dès à présent que la taille, la récolte annuelle de ces rayons est une des meilleures opérations à introduire dans la pratique ; elle suffirait seule pour doubler la quantité de cire produite chez nous, car il est bien démontré que les rayons de trois et quatre ans, âge où l'on étouffe généralement les abeilles, ne contiennent plus la moitié de la cire qu'ils avaient la première année.

Le miel est récolté sur les fleurs de la plupart des plantes ; les feuilles, les tiges de certaines plantes en fournissent également. Les abeilles l'extraient au moyen d'une trompe ou langue, l'introduisent dans un premier estomac ou jabot, et le transportent à la ruche. Arrivées là, elles le dégorgent dans des cellules qu'elles bouchent avec un couvercle de cire quand elles sont emplies.

Cette manière de transporter le miel est presque généralement inconnue dans nos campagnes, et il n'est pas rare d'entendre traiter de paresseuses les abeilles qu'on voit rentrer à la ruche sans avoir de provisions aux pattes; ce sont précisément celles-là qui apportent le miel.

On nomme rayons ou gâteaux (raizes, dans le pays) l'ensemble des constructions intérieures des abeilles. Ces constructions sont destinées à recevoir les œufs et les approvisionnements. Là est le fondement et tout l'avenir de la colonie. Aussi, avec quelle ardeur les abeilles se livrent à ces travaux intérieurs, avec quelle promptitude elles érigent. Il faut visiter une ruche cinq ou six jours après l'installation d'une jeune colonie pour s'en faire une idée et comprendre l'activité et la merveilleuse industrie des abeilles.

Elles commencent généralement le premier rayon au centre et au sommet de la ruche; elles le descendent verticalement, à moins d'obstacles. Lorsqu'il a un certain prolongement, elles en commencent un autre de chaque côté et parallèlement au premier, laissant entre eux un espace de 9 millimètres pour la circulation des abeilles. L'épaisseur des rayons étant de 27 millimètres, il en résulte que chaque rayon, avec le vide des intervalles, emporte une largeur de 36 millimètres. C'est la raison pour laquelle, dans les ruches à cadres, on doit monter chaque cadre sur une tringle de 36 millimètres de large. La saillie de la partie supérieure des cadres doit être au moins de 28 millimètres, afin d'engager les abeilles à construire dans ce sens, et à ne pas fixer un rayon transversalement ou sur deux cadres. Ces dispositions, conformes à leurs instincts, leur permettent de suivre les règles architecturales auxquelles elles ne dérogent guère qu'en présence d'obstacles ou d'accidents imprévus. Si leur goût pour la symétrie laisse peu de place aux modifications fantastiques, il n'en est pas moins vrai qu'on trouve parfois dans leurs travaux des bizarreries inexplicables. On peut y remédier dès le début ; c'est pour cela qu'il est bon de visiter les jeunes colonies dans les premiers jours de leur installation.

Chaque côté des rayons est garni d'alvéoles ou cellules placées horizontalement, adossées les unes aux autres, plus profondes que larges, ayant six côtés égaux, sauf celles qui sont aux points d'attache des rayons. Ces cellules servent alternativement aux abeilles de berceaux et de magasins.

Ces berceaux ont des formes et des capacités différentes, selon qu'ils sont destinés à recevoir des œufs d'ouvrières, de mâles ou de mère-abeille.

Les cellules d'ouvrières ont 12 millimètres de profondeur et 5 de largeur ; celles de mâles ont la même profondeur et 7 millimètres de largeur.

Les premières, de beaucoup les plus nombreuses, se trouvent placées sur les rayons du centre ; celles de mâles se trouvent particulièrement au bas des rayons de côté, à la partie postérieure et latérale des ruches. Elles n'existent souvent que d'un côté du rayon ; l'autre côté, ainsi que la partie supérieure, contient des cellules d'ouvrières.

Les cellules de mères-abeilles ont une forme toute spéciale qui les rend faciles à reconnaître. Elles sont situées le plus souvent sur les côtés des rayons, quelquefois dans le vide du milieu, où elles forment une saillie, une sorte de pendentif ajouté après œuvre, dont le plus gros bout est à la partie supérieure et comme implanté dans le rayon. L'intérieur de ces cellules est arrondi à la manière d'un dé à coudre. A mesure que le ver se développe, les abeilles allongent le tube de la cellule qui vient à présenter la forme d'un gland au moment où l'insecte arrive à l'état parfait. Il est employé pour chacune de ces cellules autant de cire que pour cent cellules d'ouvrières. Il est rare, d'ailleurs, qu'une ruche en contienne plus d'une dizaine ; le plus souvent il y en a moins.

L'instinct des abeilles ne se borne pas à construire, par prévoyance, ces trois différentes sortes de cellules. Si par erreur ou par précipitation la mère vient à déposer des œufs de mâles dans des cellules d'ouvrières, les abeilles reconnaissent bien vite l'erreur, et leur premier soin est de la réparer, en donnant à ces cellules la même largeur qu'ont celles des mâles ; et alors le jeune couvain s'y développe, s'y métamorphose tout à son aise, ce qu'il n'aurait pu faire dans une cellule d'ouvrière.

Elles vont plus loin encore. Si, par une cause quelconque, elles viennent à perdre leur mère et qu'il n'y ait pas de couvain de mère dans la ruche, elles peuvent également réparer le mal, pourvu qu'il y ait du couvain d'ouvrières *de moins de trois jours*. En effet, elles savent instinctivement que pendant les deux premiers jours de son existence le couvain d'ouvrières possède tous les organes propres à la génération; il s'agit donc d'obtenir une mère d'un couvain d'ouvrières. Pour cela elles agrandissent une cellule d'ouvrières aux dépens de deux cellules voisines, enlèvent deux des vers et y laissent le troisième qui se trouve ainsi dans les conditions de logement exigées par sa nouvelle destinée. Les soins, les traitements spéciaux qu'il reçoit pendant toutes les phases de son existence de couvain, finissent par en faire une mère-abeille tout aussi parfaite que celles qui viennent dans les conditions ordinaires. On trouve parfois dans la même ruche plusieurs ébauches d'un semblable travail. C'est sans doute, observe M. Debauvoys, dans la crainte d'échouer dans une entreprise qui étonne l'imagination, la remplit d'admiration et de surprise, tant cette opération se rapproche d'une haute intelligence.

La seule fonction de la mère-abeille, avons-nous dit, est de pondre; elle ne commence ordinairement cette opération que le second jour après sa fécondation. La première année, elle pond peu et le plus souvent elle ne pond que des œufs d'ouvrières. On dirait qu'elle veut établir un juste équilibre entre la population et les ressources de la colonie, et assurer néanmoins la main-d'œuvre, base de sa prospérité. Les années suivantes, elle met plus de régularité dans sa ponte. Bien qu'elle ponde à tout instant du jour et de l'année, la grande ponte a lieu au printemps et au commencement de l'été, selon les climats et les ressources apicoles du pays. Cette grande ponte se termine par des œufs de mâles et de futures mères. Bien des causes peuvent troubler cette régularité dans la ponte, et il en résulte presque toujours des perturbations désastreuses pour la colonie.

La mère, pressée de déposer ses œufs, inspecte chaque cellule, puis se retournant et y descendant à reculons, elle y colle un œuf par son extrémité la plus exiguë. Ces œufs sont fixés au fond de la cellule; ce n'est que rarement qu'on en trouve d'attachés aux parois.

Les œufs de bon aloi se ressemblent tous, quelle que soit l'espèce d'individus qu'ils doivent produire; mais tous n'accomplissent pas leurs diverses métamorphoses dans le même laps de temps.

Trois jours après le dépôt de l'œuf dans le fond de la cellule, il en sort un tout petit ver, et aussitôt une abeille nourricière lui sert une bouillie composée de miel, de pollen et d'eau, claire d'abord, puis de plus en plus consistante et abondante.

Le ver acquiert son développement dans l'espace de six à sept jours. Alors les abeilles cessent de l'alimenter et ferment la cellule d'un couvercle de cire différent de celui qui clot le miel des cellules. Le ver ainsi emprisonné se file une coque; ce travail demande d'un à deux jours. C'est dans cette enveloppe qu'il passe à l'état de nymphe, espèce de mort qui précède l'état parfait. Vers le dixième jour, la nymphe brise son enveloppe et le couvercle de sa cellule; elle en sort enfin abeille parfaite, savoir: les jeunes mères au bout de seize jours; les mâles au bout de vingt-quatre jours, et les ouvrières au bout de vingt-un jours.

Tous les œufs éclosent au bout de trois jours; mais il y a, pour les métamorphoses intermédiaires, des particularités qu'il est utile de connaître. Le ver d'une future mère met cinq jours à atteindre son développement, un jour à filer sa coque qui ne la recouvre jamais entièrement; la larve quitte cette enveloppe vers le douzième jour, reste quatre jours à l'état de nymphe et arrive à l'état parfait le seizième jour. Le couvain de mâles passe douze jours à l'état de nymphe, c'est-à-dire la moitié du temps qu'il emploie à accomplir toutes ses transformations. Le couvain d'ouvrières passe six jours à l'état de ver, met deux jours à filer sa coque et passe dix jours à l'état de nymphe.

Le couvain reçoit les soins les plus assidus des abeilles ouvrières; celles-ci savent préparer, assaisonner une nourriture spéciale, selon la destinée de l'insecte qui doit la recevoir. Celle des futures mères n'est point la nourriture des ouvrières; ses propriétés sont telles, qu'il suffirait d'en alimenter un couvain d'ouvrières pour en obtenir une femelle féconde; moyen qu'emploient les abeilles dans le cas dont nous avons parlé précédemment.

Aux soins d'alimentation du couvain, espoir de la colonie, se joignent une surveillance plus attentive, une vigilance plus inquiète et toutes les précautions propres à en garantir l'existence. Le moindre danger réel ou apparent répand une alarme générale dans la ruche, et on a, en effet, remarqué que c'est au moment où un nombreux couvain est sur le point d'arriver à bon terme que les abeilles sont le plus irritables et qu'il est plus difficile de les aborder. Il est donc bon alors de s'abstenir de les visiter, de les tourmenter de quelque manière que ce soit ; elles n'ont, d'ailleurs, dans ce moment, nul besoin de notre secours.

Il ne faudrait pas regarder les détails qui précèdent, quelque sommaires qu'ils soient, comme superflus ; ils ont leur utilité dans la pratique, comme on s'en convaincra plus tard. Que ceux qui, d'ailleurs, seraient tentés de le croire, se donnent la peine de consulter sur ces points dans nos campagnes, et ils verront si les fables, les superstitions qu'on leur débitera ne sont pas un obstacle à l'introduction des pratiques rationnelles d'apiculture. Il ne faut pas perdre de vue que nous sommes sur un terrain où il y a beaucoup à déblayer.

Les essaims sont, au point de vue de l'extension si désirable de l'apiculture, le produit le plus essentiel des abeilles, surtout dans les contrées comme la nôtre, où existe encore la barbare coutume de détruire les abeilles pour en récolter le miel et la cire. Sans les essaims, les vides s'agrandiraient de plus en plus, et on arriverait bientôt à la destruction totale des abeilles.

Dans celles où la culture des abeilles est mieux entendue, les essaims permettent d'augmenter la masse productive, quand d'ailleurs ils sont plus que suffisants pour réparer les pertes que font éprouver les années calamiteuses comme nous venons d'en avoir une. Il est donc important d'apporter plus de soins, plus de surveillance à nos ruchées à l'époque de l'essaimage, afin que nous n'ayons plus aussi à regretter chaque année la perte de plusieurs essaims. Si vous ne voulez pas augmenter le nombre de vos ruchées, vous trouverez toujours à bien vendre vos essaims : c'est le profit le plus net et le plus assuré que vous puissiez retirer de vos abeilles. Mais, de grâce et au nom de vos intérêts, ne les détruisez plus!

Les premiers essaims n'apparaissent guère chez nous avant les derniers jours de juin ; ils sont rares à cette époque et réussissent généralement assez mal, nous l'avons déjà dit.

La grande saison est du 10 juillet au 10 août. Ceux qui arrivent à la fin de cette période sont dits tardifs, et il faut des années bien favorables pour qu'ils réussissent.

L'état des fleurs plus que les circonstances atmosphériques peut apporter quelques variations dans ces époques.

On donne le nom d'essaim naturel à celui qui sort de la ruche de son propre mouvement. Pour qu'une ruche jette un essaim, il faut qu'elle possède une forte et active population, des mâles en certain nombre et une ou plusieurs jeunes mères prêtes à éclore. Ces conditions sont indispensables, mais elles peuvent exister sans que pour cela on obtienne un essaim. Un temps froid et pluvieux ou trop brûlant à l'époque de l'essaimage l'ajourne d'abord et souvent l'empêche absolument.

Il en est de même des signes qui annoncent la sortie prochaine d'un essaim. Si ces signes précèdent toujours l'essaimage, il ne s'ensuit pas que l'essaimage en soit toujours la conséquence forcée. De tous ces signes, le plus constant et le plus facile à observer, c'est l'apparition des mâles. On les voit sur le milieu du jour sortir en grand nombre, s'élever en tourbillonnant au-dessus des ruchées, et y rentrer précipitamment. Leur bourdonnement fait aisément connaître qu'ils sont dehors, mais approchez de plus près pour savoir dans quelle ruche ils rentrent, afin de vous tenir sur vos gardes ; un essaim peut en sortir d'un moment à l'autre, et il faut que l'œil du gardien ne le perde pas de vue. On prétend aussi que la mère fait entendre un petit cri ou chant le soir des jours qui précèdent l'essaimage. Toujours est-il que les abeilles ont alors un bruissement particulier sur lequel une oreille expérimentée ne se trompe pas.

Dès le matin du jour où une ruchée doit jeter un essaim, on remarque une grande agitation. Les abeilles sortent en grand nombre et rentrent au bout de peu de temps ; on dirait qu'elles se livrent à un exercice particulier, à un essai plutôt qu'à leurs travaux habituels.

Tout dans leurs mouvements annonce qu'elles se préparent à un acte extraordinaire.

Le jour s'avance, la chaleur augmente et le calme se rétablit un instant. La population émigrante se rassemble et paraît attendre dans le recueillement le signal du départ. Bientôt le tumulte recommence; une agitation extrême se produit; ce mouvement général élève jusqu'à 32 degrés la température de la ruche; elle n'est plus habitable. L'avant-garde se précipite dehors et est aussitôt suivie d'une troupe d'ouvrières, entraînant avec elles les abeilles qui étaient groupées à l'extérieur.

Toutes s'élèvent, tourbillonnent un instant ensemble au dessus de la ruche-mère, puis prennent rapidement leur essor vers le point qu'elles ont choisi pour se reposer. Un premier groupe s'abat sur une branche d'un arbre voisin et s'y arrête; peu à peu d'autres abeilles s'y rallient, et au bout de quelques minutes l'essaim est rassemblé, formant une masse conique au-dessous de la branche où il s'est fixé. Il attend là, dans le calme, qu'on vienne le recueillir.

Vous avez des ruches toutes prêtes que vous pouvez, si vous le voulez, aromatiser avec quelques herbes; l'essentiel est qu'elles soient propres. Vous vous affublez des pieds à la tête pour plus de précaution. Vous présentez d'une main la ruche au-dessous de l'essaim, et de l'autre, vous secouez la branche assez fortement pour en détacher les abeilles et les faire tomber dans la ruche. Si quelques-unes persistent à rester à la branche, vous les détachez avec les barbes d'une plume ou même d'un léger feuillage. Vous posez votre ruche sur un tabouret ou une toile sous l'arbre où l'essaim s'est arrêté. Les abeilles restées à la branche ou qui se sont envolées pendant l'opération viennent voltiger autour de la ruche et ne tardent pas à y entrer. Au bout d'une demi-heure, vous pouvez transporter l'essaim à la place que vous lui destinez au rucher, sans vous préoccuper des quelques retardaires.

Les choses ne se passent pas toujours ainsi. Il nous reste à voir les complications, les difficultés qui se présentent souvent dans l'essaimage et, par suite, dans l'opération que nous venons de décrire.

S'il est une circonstance dans laquelle les abeilles font preuve de peu d'instinct, c'est à coup sûr dans le choix du lieu où s'arrête un essaim. Un massif d'herbe, un buisson, une branche, une bifurcation, la base ou le sommet d'un arbre, le creux d'un vieux tronc, la crevasse d'une muraille, les ouvertures d'un toit, une cheminée, etc., tout leur est bon alors. Elles ne paraissent pas plus se soucier d'un abri que des autres commodités de logement. Et cependant, c'est bien une nouvelle demeure qu'elles se proposent d'établir; car, pour peu que l'on tarde à les recueillir, on les voit se mettre à l'œuvre, commencer leurs travaux. J'ai vu un essaim trouvé en coupant les blés-noirs; il s'était fixé à une branche de pommier assez faible; le poids des abeilles et des gâteaux l'avait inclinée très-près de terre; elle était balancée par le vent, et quelques feuilles seulement mettaient les abeilles à l'abri des rayons du soleil. Elles étaient condamnées à périr dès l'entrée de l'hiver. J'arriva

assez à temps pour tout sauver. J'opérai le soir. Après avoir dégarni la branche de feuillage et en avoir coupé l'extrémité, j'enveloppai les abeilles et les gâteaux dans un sac, je sciai la branche et j'emportai le tout, non sans difficultés, mais sans accident. J'installai l'essaim dans une ruche dégarnie de ses cadres ; les deux extrémités de la branche me furent très-commodes pour fixer les gâteaux au sommet de la ruche. Ces abeilles passèrent bien l'hiver. Au printemps, j'ajoutai des cadres pour compléter l'intérieur de la ruche. A la récolte, j'enlevai quelques gâteaux de la branche et je mis de nouveaux cadres ; à la seconde année, la branche avait disparu et la ruche se trouva organisée régulièrement.

Je cite ce fait bien simple pour prouver qu'il ne faut jamais désespérer de sauver un essaim, et surtout ne pas se décider trop facilement à le sacrifier comme on le fait généralement et comme on le voulait faire dans ce cas. On ne sait le nombre d'essaims trouvés ainsi à l'automne et que l'on tue impitoyablement.

Il est assez rare qu'un apiculteur quelque peu adroit ne parvienne à s'emparer d'un essaim, s'il opère aussitôt après qu'il s'est arrêté. Nous indiquerons néanmoins quelques-uns des moyens à employer, suivant les cas, pour épargner à plusieurs l'embarras des recherches et les essais infructueux ou même compromettants pour la conservation de l'essaim.

Si un essaim s'est fixé sur l'herbe ou sur un buisson, il suffit de poser une ruche au-dessus; on agite légèrement l'herbe ou les broussailles et les abeilles ne tardent pas à monter.

Il arrive parfois qu'au lieu d'être réunies en une seule masse, les abeilles forment plusieurs groupes. On pose la ruche sur le groupe principal et on force les abeilles disséminées à s'y réunir, en les aspergeant d'eau fraîche. Dans ce cas, et toutes les fois que la chose est facile, même possible, le mieux serait de rechercher la reine-mère. Si on parvient à la saisir, on la dépose dans la ruche et on tâche de l'y maintenir en prenant toutes les précautions pour qu'il ne lui arrive aucun accident. Les abeilles la rejoignent bientôt.

Les difficultés sont plus grandes si l'essaim est posé à l'extrémité d'une branche élevée ou au sommet d'un arbre. Il faut presque toujours alors être deux personnes, et se munir d'une échelle et d'une longue perche. La ruche peut se poser au-dessus ou au-dessous de l'essaim; on choisit la place où il est plus facile de la maintenir. Si elle est sous l'essaim, de fortes secousses avec la main si la branche est faible, avec un maillet si elle est forte, font tomber l'essaim dans la ruche. Si celle-ci est placée en dessus on oblige les abeilles à y monter, en les excitant avec un balai de feuillages et quelques aspersions qui sont toujours efficaces pour hâter les paresseuses et les empêcher de faire fausse route.

Souvent un essaim se réfugie dans une bifurcation où il est impossible d'approcher une ruche ordinaire.

Il faut avoir recours à un autre appareil. Un petit sac étroit sous-tendu par quelques cerceaux est ce qui convient le mieux. On l'approche aussi près que possible de l'essaim, qu'on force à monter par les moyens indiqués. On peut même employer les fumigations faites avec des chiffons.

Il est plus difficile encore de s'emparer d'un essaim qui s'est réfugié dans le creux d'un arbre ou dans une muraille, car il faudrait bûcher ou démolir, et on ne peut pas toujours se permettre de telles dégradations. Souvent aussi la cavité n'a qu'une issue, et alors les fumigations sont impossibles, car les abeilles se laissent asphyxier plutôt que de déguerpir. La plus petite ouverture existant déjà ou pratiquée exprès à l'opposé ou en côté de celle par laquelle les abeilles sont entrées, en permettant l'usage des fumigations, rend le résultat plus certain. On pose la ruche sur l'ouverture qui a servi d'entrée aux abeilles, on l'entoure d'une toile, afin que les abeilles ne puissent sortir en dehors de la ruche et prendre leur essor vers un autre point. La fumée qu'on leur lance par l'autre ouverture les importune et, pour l'éviter, elles se jettent dans la ruche, à moins toutefois qu'elles ne trouvent un refuge à l'intérieur, comme cela arrive dans de vieux troncs d'arbres tout caverneux. Alors il faut faire le sacrifice de l'arbre ou de l'essaim. M. Debeauvoys dit qu'en coupant l'arbre au commencement de l'hiver et en déposant le tronçon au rucher, l'essaim s'y conserve bien et devient très-productif d'essaims, attendu qu'on ne peut toucher aux provisions. Que si l'on voulait faire sortir toutes les abeilles, il faudrait plonger le tronçon dans un cuvier qu'on remplirait d'eau peu à peu ; les abeilles, chassées par ce moyen, se réfugieraient dans une ruche provisoire mise au-dessus de cette ruche naturelle.

J'ajouterai que j'ai vu extraire d'une muraille un essaim qu'aucun moyen n'avait pu faire sortir. Il fallait cependant y parvenir ou le faire périr, car il tourmentait le bétail. Un entonnoir fut appliqué sur l'unique ouverture de cette muraille, les autres ayant été bouchées. Le tube de l'entonnoir fut prolongé verticalement et vint déboucher dans une ruche où l'on avait mis un cadre garni d'un peu de miel ; le tout solidement établi. Les abeilles ne tardèrent pas à venir se fixer dans cette nouvelle demeure.

Lorsque l'essaim est établi dans une cheminée, il faut poser une ruche au sommet du tuyau, et forcer les abeilles d'y monter par le moyen des fumigations, ou bien encore en les aspergeant et les excitant avec quelques branchages. La ruche doit être recouverte d'une toile interceptant bien toutes les issues de la cheminée. Il est bien entendu que dans ce cas encore il faut agir aussitôt que l'essaim s'est arrêté, car si l'on attend que les abeilles aient commencé leurs gâteaux, elles sont tellement tenaces qu'on ne peut plus les déloger.

Bon nombre d'individus prétendent avoir le secret d'arrêter les essaims ; j'ai reconnu bien des fois que c'est une illusion. Le sable, l'eau qu'on leur lance

ne réussissent pas toujours ; elles s'élèvent au-dessus des projectiles et ont bientôt disparu. Il ne reste plus qu'à les suivre, si on le peut, afin de constater son droit de propriété. On doit conserver au rucher les ruches abandonnées pendant l'hiver et les tenir à l'abri de l'humidité et bien closes ; on les ouvre à l'époque de l'essaimage, et il arrive souvent que les essaims s'y réfugient de préférence.

Les abeilles, insectes domestiques, tendent assez souvent à retourner à l'état sauvage. Aussi, malgré la surveillance la plus assidue, est-il bien rare qu'on ne perde chaque année plusieurs essaims.

Frappés de ces inconvénients, les apiculteurs ont presque tous pris à tâche d'y remédier. Nous ne saurions mieux faire que de donner ici tout ce que dit M. Debeauvoys à ce sujet :

« *Essaims forcés.* — Puisqu'il est fort difficile, dit-il, d'arrêter les essaims et qu'on est exposé à les perdre, il faut les saisir avant leur départ. Ce seront là les essaims forcés ; ils peuvent s'obtenir de toutes sortes de ruches. Le procédé que je vais décrire peut s'appliquer à la ruche la plus vulgaire.

» *Opération.* — Tous les signes de l'essaimage existent : il y a des mâles, la ruche est lourde, l'activité prodigieuse ; les abeilles sont très-nombreuses, il est midi ; à cette heure-là, presque tous les mâles sont dehors. On profite de leur absence, parce qu'on n'en a pas besoin dans l'essaim dont on veut provoquer la sortie. Bien affublé, on renverse la ruche au-devant du tablier et on la remplace par une ruche vide destinée à recevoir les abeilles qui reviennent des champs. La ruche renversée est fixée solidement entre les pieds d'un tabouret, un trou creusé en terre ou trois bons pieux, et rien de tout cela si le sommet de la ruche est plat. On appuie ensuite sur un point de son bord celui d'une ruche vide; on la tient penchée au-dessus de la ruche pleine, de manière que la plus grande partie de celle-ci soit à découvert et que l'on voie facilement l'intérieur de la ruche vide. On l'appuie sur la cuisse gauche et on la maintient avec la main du même côté. La main droite armée d'une forte baguette, on frappe sans cesse la vieille ruche de bas en haut, sur le devant et sur les côtés. Inquiétées de ce bruit, de ce mouvement, de la position renversée de leur demeure, les abeilles prennent la résolution de partir. Après une première agitation, elles disparaissent bientôt, et il se fait un silence profond, comme lorsque l'essaim naturel va partir. C'est que, pendant ce temps, elles se chargent de provisions.

» Un instant après, il en reparaît quelques-unes qui se hasardent dans la nouvelle ruche qu'on leur présente, et dont le fond doit être du côté du soleil, afin que l'intérieur soit obscur. Elles la parcourent dans tous les sens et retournent à la ruche-mère, puis tout-à-coup un grand bruissement se fait entendre; les abeilles arrivent en foule, s'échelonnent et passent pêle-mêle les unes sur les autres pour se réfugier au fond de leur nouvelle demeure. Le

mouvement est rapide et assez confus, et la plus grande attention est nécessaire pour voir passer la reine, car il ne faut pas croire que ce soit son départ qui entraîne celui des abeilles; il est rare qu'elle sorte une des premières. Je l'ai vue très-souvent ne sortir que parmi les dernières et s'obstiner même à ne pas quitter la vieille ruche après s'être présentée plusieurs fois sur ses bords; mais ordinairement elle apparaît, soit après la moitié de l'essaim, et quelquefois dans le dernier tiers. On la voit presque toujours passer, et il est alors facile de la prendre en lui présentant un verre à boire, ou mieux un demi-globe en toile métallique, qui la recouvre, la met à l'abri de tout accident et permet aux abeilles de la nourrir si on la tient captive au milieu d'elles; mais il ne faut pas se hâter de vouloir la saisir; il vaut mieux la laisser bien s'engager dans la nouvelle ruche, car, si l'on voulait la prendre trop tôt, elle pourrait rentrer dans les rayons et s'obstiner à ne plus revenir.

» Dès que la reine est rentrée dans la ruche de transvasement, s'il y a avec elle assez d'abeilles pour faire un essaim, ce dont on se rend compte, soit au volume qu'elles forment, soit par le poids, l'essaim étant jugé suffisant, on le renferme avec un canevas et on le porte à l'ombre. Le soir, on ouvre les entrées, qu'on referme le lendemain de grand matin. Le soir du second jour, on porte la ruchée à la place qu'elle doit occuper, où on la laisse en toute liberté. »

Pour que cette opération réussisse, il faut deux conditions essentielles; c'est que chacune des deux ruchées contienne une reine, du couvain royal ou au moins du couvain d'ouvrières de moins de trois jours. Comme il n'est pas toujours facile de s'assurer de ce dernier point, le mieux est de s'en tenir rigoureusement à l'un des deux premiers. On donne la reine à la ruche de transvasement, parce que cela est plus facile que de transporter d'une ruche dans l'autre un rayon contenant du couvain royal, et plus conforme aux mœurs des abeilles, puisque c'est toujours la vieille reine qui accompagne l'essaim naturel.

Voici encore comment M. Debeauvoys dit qu'on s'assure du passage de la reine dans la ruche de transvasement, lorsqu'on n'a pu l'apercevoir dans l'opération : On se retire à l'ombre, on dépose la ruche sur un drap noir, et un quart d'heure après on la lève. La reine, à cette époque, est tellement pressée de pondre qu'on trouve des œufs sur le drap. Ou bien le soir, lorsqu'il fait encore bien jour, on jette les abeilles sur un drap, on y cherche la reine, qu'il est facile de trouver. Enfin, en mettant les deux ruches sur une même table, l'une à côté de l'autre, on voit les abeilles de l'une des ruches se rendre dans celle qui renferme la reine.

Ce procédé est aussi simple que possible; et, quand on l'a vu pratiquer par M. Debeauvoys, on est surpris de la facilité avec laquelle il l'exécute. Il le préfère à tous les autres. L'obstination des abeilles à ne pas sortir de la ruche-mère ne le décourage pas. Dans ce cas, dit-il, on renverse la ruche pleine sur la ruche vide, et, la soulevant un peu, on lui imprime une ou deux vives secousses. On la remet aussitôt à l'envers, et les abeilles qui y restent, attirées par la présence de celles qui sont tombées dans la nouvelle ruche, finissent par sortir en nombre suffisant. Mais il ne faut user de ce moyen qu'avec des ruches dont les rayons sont bien soutenus par plusieurs traverses. On facilite la sortie des abeilles en les séquestrant dès la veille. Ennuyées de leur captivité, elles se précipitent aussitôt qu'elles sont libres.

Les essaims artificiels, forcés à l'époque de l'essaimage, sont les seuls que je recommanderai aux apiculteurs de notre contrée.

Les essaims forcés prématurément, c'est-à-dire quelque temps avant cette époque, utiles peut-être et pratiqués avec succès ailleurs, réussiraient peu chez nous, parce que d'abord ils exigent de l'opérateur une expérience pratique que nous n'avons pas encore. D'un autre côté, les intervalles qui existent entre les grandes périodes de la floraison des plantes demanderaient que ces essaims fussent faits dans un temps trop éloigné ou tellement rapproché de l'essaimage naturel, qu'il vaut mieux attendre cette époque même; on sera plus sûr alors d'agir dans de bonnes conditions, d'avoir tous les éléments nécessaires à la réussite de l'opération.

D'ailleurs ces essaims ne doivent se faire que dans

les années très-favorables ; or, dans ces années, nos abeilles jettent assez d'essaims, pour que nous n'ayons pas besoin d'avoir recours à ce moyen artificiel de multiplication.

Mais souvent nos essaims sont faibles et périssent à l'hiver. Le point essentiel pour nous est d'assurer l'avenir de nos abeilles, et, pour cela, au lieu de les diviser, il faut les réunir, car, pour elles aussi, l'union fait la force. Une ruchée forte en population amasse presque toujours ses provisions d'hiver là où une faible n'y réussit pas, non seulement parce qu'elle a manqué de butineuses, mais encore parce qu'elle consomme relativement beaucoup plus.

Je crois donc que l'avenir de l'apiculture est bien plus dans la pratique de la réunion, du mariage des abeilles, que dans celle des essaims artificiels. Du reste, le procédé est des plus simples.

Vous obtenez le même jour deux essaims que vous jugez trop faibles pour s'approvisionner et passer l'hiver ; vous désirez les réunir. Vous les avez d'abord recueillis dans deux ruches différentes. Le soir, un peu avant la nuit, vous commencez par rapprocher vos deux ruchées et vous les mettez simultanément en bruissement au moyen de quelques jets de fumée. Renversant une de vos ruches, celle qui contient le plus fort essaim, vous appliquez l'autre dessus, et par un coup sec vous en faites tomber les abeilles dans la ruche inférieure. Vous retournez les deux ruches sens dessus dessous, et vous continuez à entretenir le bruissement qui a l'avantage d'empêcher les massacres qui résulteraient d'une rencontre trop brusque, en occupant les abeilles à se défendre d'un commun danger.

On peut par le même procédé réunir un essaim du jour à une ruchée faible, et il est bon de le faire chaque fois que l'occasion s'en présente.

Ces réunions peuvent également se faire à l'automne. Vous avez deux ruches faibles qui ne pourront passer la moitié de l'hiver si vous ne venez de bonne heure à leur secours? Réunissez-les ; elles vous coûteront moitié moins à entretenir que si elles restent séparées, et vous serez plus sûr de les sauver.

Ou bien encore, vous avez une ruche bien approvisionnée, bien peuplée, et une faible et pauvre? Mettez cette dernière en subsistance chez la première ; cette augmentation de population n'entraînera pas une grande augmentation de consommation. D'ailleurs vous serez là pour venir en aide en temps opportun, et, encore une fois, vous aurez sauvé vos abeilles par le moyen le plus efficace, le moins onéreux, et le plus avantageux pour l'avenir, car ces fortes populations feront d'amples récoltes au printemps et vous donneront de bons essaims.

Voulez-vous, en un mot, doubler vos produits? Agrandissez vos ruches, ayez-en dix au lieu de vingt, et fortifiez vos colonies. Voilà le grand secret de l'apiculture.

Les ruches ne sont jamais trop fortes en population, et, chose singulière, au premier abord, plus il y a d'abeilles dans une ruche pendant l'hiver, moins elles mangent, dit M. Debeauvoys. Aussi, ce protecteur, ce grand ami des abeilles ne manque-t-il jamais de fortifier ses ruchées. La saison d'étouffer les abeilles pour la récolte est arrivée; on va impitoyablement sacrifier ces pauvres abeilles. Alors notre apiculteur se met en campagne, muni d'un long bâton et de quelques petits sacs. Il achète ces infortunées victimes de l'ignorance et de la cupidité, et le plus souvent on les lui abandonne, il les renferme dans des sacs et les emporte chez lui, suspendues à son bâton.

Pour s'en emparer, il pratique un trou au tiers de la ruche qu'il a préalablement bien mastiquée tout autour, et il lance de la fumée. Le gros des abeilles tombe sur le tablier, quelques secousses détachent les autres, et le tout est jeté dans un sac, sans oublier celles qui seraient restées sur les rayons. Arrivé chez lui, il dépose chaque colonie dans une ruche provisoire, et le soir il opère les réunions de la manière suivante : La ruche qui doit recevoir un surcroît de population est d'abord enfumée et, lorsque les abeilles sont en bruissement, on l'ouvre (on la penche légèrement si c'est une ruche commune), puis on jette les étrangères sur un drap au devant de l'entrée, en ayant soin de les asperger d'eau miellée au fur et à mesure qu'elles entrent. Le bruissement ayant cessé, les abeilles viennent reconnaître ce qui s'est passé; elles lèchent les nouvelles venues et leur font un bon accueil.

Le transvasement est une autre opération qui peut

être plus particulièrement utile chez nous que partout ailleurs.

C'est un véritable déménagement par lequel on transporte une colonie, corps et biens, d'une ruche dans une autre.

Un accident grave s'est produit à l'intérieur d'une ruche, la ruche elle-même tombe de vétusté et menace de tout écraser dans sa chute : il faut transvaser, car, si nous n'admettons plus l'asphyxie dans notre pratique apicole, nous ne devons pas même sacrifier nos abeilles, pour aucune cause que ce soit, avant d'avoir essayé de les sauver par tous les moyens que la science nous indique et dont elle a enregistré les succès.

Avec les ruches perfectionnées et notamment les ruches à cadres, cette opération devient facile. Après avoir isolé les abeilles, soit par le transvasement à ciel ouvert, soit par l'assoupissement, on enlève les cadres un à un, on les place dans une nouvelle ruche, puis on y introduit les abeilles.

Ce transvasement pourrait encore se faire par superposition de ruches, mais il est beaucoup plus lent, et, dans certains cas, il faut agir immédiatement, crainte de tout perdre. Cependant nous conseillerons ce procédé à celui qui, praticien encore peu expérimenté, est d'ailleurs assez bon observateur pour avoir reconnu à temps la nécessité d'un transvasement.

Le point essentiel dans cette opération est qu'il existe entre la vieille ruche et la ruche superposée la plus large communication possible. C'est ce qui a donné l'idée à plusieurs praticiens de renverser la ruche à transvaser et d'appliquer l'autre dessus. On enduit, afin qu'il n'existe aucune ouverture entre les deux ruches, et on pratique vers la base de la ruche renversée des trous pour l'entrée et la sortie des abeilles.

Les abeilles opèrent alors elles-mêmes leur déménagement. Elles s'emparent de la ruche supérieure et y commencent leurs travaux.

Ce transvasement est, comme on le voit, incomplet, puisque les rayons et les provisions restent dans l'ancienne ruche. Mais on les retrouve, rien n'est perdu, et on a donné aux abeilles une habitation plus convenable, tout en leur conservant ces précieuses provisions. Le but du transvasement a donc été atteint.

Cette opération doit être faite, chez nous, dans les mois qui précèdent les grands approvisionnements des abeilles, c'est-à-dire d'avril en juin. La colonie ainsi transvasée ne donnera probablement pas d'essaims dans l'année, mais elle deviendra très-forte en population et donnera un bon essaim l'année suivante.

M. Debeauvoys indique un procédé bien plus prompt pour le transvasement des ruches communes dans les ruches à cadres. Nous allons en donner une idée sommaire, renvoyant à son ouvrage ceux qui désireraient plus de détails.

Les abeilles sont d'abord transvasées dans une

ruche provisoire que l'on dépose dans la place qu'occupait la ruche à transvaser ; on la couvre s'il fait chaud et on y enferme bien les abeilles. On s'occupe ensuite de détacher les rayons. Cette opération est délicate ; on doit éviter de les rompre et de répandre le miel, au moins en trop grande abondance. Il faut démolir la vieille ruche avec précaution, et pour cela se servir d'un instrument bien tranchant.

On commence par les côtés où reposent les traverses, et on retire celles-ci sans secousse.

Les rayons, enlevés un à un, sont déposés dans une bassine ou un plat, on les couvre et on les porte dans un appartement bien clos.

On procède alors à leur organisation sur un cadre. Chacun d'eux est coupé de la dimension du cadre et placé dans le sens qu'il occupait, le couvain occupant le centre, mais sans s'astreindre par ailleurs à l'ordre de place où ils se trouvaient dans l'ancienne ruche. Les rayons ainsi encadrés sont entourés d'un fil de fer qui les consolide et les empêche de tomber ou de se déranger dans le transport de la ruche au rucher, ce qui a lieu aussitôt que la ruche est organisée, opération qui doit se faire avec toute la célérité possible.

Arrivé au rucher, on place la ruche sur un drap étendu devant le siége qu'occupait la ruche transvasée, l'ouverture à l'ombre. On jette les abeilles sur le drap, et elles se précipitent à l'envi dans la ruche ; on presse les retardataires, et au bout d'une demi-heure on ferme l'entrée, qui était restée seule ouverte, afin que les voisines, attirées par l'odeur du miel, ne viennent se livrer au pillage.

On doit, par dessus tout, veiller au salut de la reine-abeille, et s'assurer qu'elle est rentrée dans la nouvelle habitation.

La meilleure heure pour opérer est le matin d'une nuit fraîche, qui a donné de la consistance aux rayons.

Dix jours environ après l'opération, on peut enlever les fils de fer. Il faut peu de temps aux abeilles pour consolider les rayons et réparer les déchirures.

M. Debeauvoys a fait cette opération avec succès de février en octobre. Cependant il ne conseille pas de la faire si tôt ni si tard; il préfère que l'on attende l'apparition des mâles, parce qu'alors la colonie ne serait pas perdue, si la mère venait à être détruite dans l'opération.

Les deux moyens employés de nos jours pour calmer, pour maîtriser les abeilles dans les opérations que nous venons de décrire, sont le bruissement et l'assoupissement.

Les plus petits coups, le moindre frottement sur une ruche mettent les abeilles en mouvement. Elles agitent vivement leurs ailes et un bruit sourd se fait entendre; on l'a appelé bourdonnement ou bruissement. On produit ce bruissement en introduisant de la fumée dans la ruche. Cette fumée les importune, les incommode, et tous leurs efforts tendent à s'en débarrasser; de là l'agitation de leurs ailes. Pendant ce travail, elles sont inoffensives; elles ne s'occupent plus de ce qui se passe autour d'elles, et vous laissent opérer tout à votre aise.

« Mais, comme le dit justement M. Debeauvoys, cet état ne dure pas longtemps, si vous ne continuez de lancer de la fumée. Car sitôt que vous renversez la ruche commune, que vous séparez les hausses, que vous détachez les cadres, l'air extérieur chasse la fumée, dégage les abeilles, et elles redeviennent tout aussi redoutables. Aussi, tous ceux qui se servent de cette méthode n'en sont-ils pas moins affublés de la tête aux pieds; leurs voisins, les animaux au pacage n'en auront-ils pas moins tout autant à craindre. Si les abeilles s'obstinent à rester sur les rayons, il faut les déranger, ce qui les anime plus encore. Si vous êtes piqué, vous vous pressez, vous agissez mal. Les abeilles réveillées, prévoyant le vol que vous allez leur faire, se précipitent sur les provisions, s'engorgent à en mourir. J'ai vu des ruches renversées et à demi-dépouillées, abandonnées dans cet état parce que l'opérateur n'avait pu résister à la terrible fureur des abeilles. J'ai vu les habitants de tout un village obligés de se retirer dans leurs maisons, les rues étant envahies par une foule d'abeilles se vengeant sur tous ceux qu'elles rencontraient.

» Nous avons avisé à remédier à cet état de choses. On les enivrait, on les assoupissait un peu, nous les assoupissons tout-à-fait; ce qu'on faisait à demi, nous le faisons complétement, et nous pouvons agir sans masque, sans gants, sans être incommodé ni incommoder personne, et sans que les abeilles viennent se suicider en se sacrifiant à une inutile défense de leurs chers foyers, sans non plus qu'elles se rendent malades en se gorgeant des sucs précieux qu'elles veulent sauver du pillage. Nous affirmons même que jamais les abeilles ne pourront recevoir de tout le monde des soins rationnels, tant que l'assoupissement, l'anesthésie, ne sera pas la première condition de leur traitement. Car, pour quelques apiculteurs qui se sont faits aux habitudes des abeilles, il ne faut pas croire qu'on les apprivoise.

» Nous avons trouvé des moyens positifs, d'une innocuité parfaite, pour assoupir complétement les abeilles tout le temps nécessaire pour les tailler, les essaimer. Nous les avons muselées, si nous pouvons parler ainsi. Pour cela, il faut un enfumoir.

» L'enfumoir est un simple cylindre en tôle composé de deux parties s'emboîtant l'une dans l'autre, celle du devant dans celle du derrière. Devant l'ouverture du tube qui doit pénétrer dans la ruche est une plaque trouée pour empêcher la flamme et les étincelles d'entrer dans la ruche. Le corps de l'enfumoir aura 5 ou 6 centimètres de diamètre sur 15 à 20 de longueur; la douille de la partie postérieure sera courte et assez large pour recevoir celle d'un soufflet.

» Tout le monde connaît la vesse-de-loup, nommée en botanique *lycorperdon*. On la ramasse en octobre ou novembre; on la suspend dans des sacs au plancher pour la tenir sèche, et il suffit d'en brûler grand comme une pièce de cinq francs pour endormir les abeilles d'une assez forte ruche. On met ce morceau au milieu de copeaux très-secs, de paille, de papier, etc., auxquels on met le feu. Lorsque l'on ne possède pas ce précieux champignon, on peut se servir d'amadou, en mettre grand comme la main, sans autre substance combustible.

« J'avais pensé que le sel de nitre pouvait bien dégager, par la combustion, des gaz capables d'asphyxier momentanément les abeilles. Pour m'en assurer, je fis dissoudre de ce sel dans de l'eau; j'y fis tremper de la filasse, et quand elle a été sèche, je l'ai fait brûler dans l'enfumoir : les abeilles en ont été comme foudroyées. Revenues à la vie, je les ai asphyxiées de nouveau, sans plus de malheur. J'ai étudié les doses, et j'ai appris que 8 à 15 grammes suffisaient pour les ruches, suivant leur grandeur.

» Pour assoupir les abeilles, il faut que la ruche soit bien close, afin que le gaz asphyxiant ne se dissipe pas dans l'air. On donne quelques coups de soufflet ; les abeilles bruissent d'abord, et finissent par ne plus remuer. Il faut alors retirer l'enfumoir, et même ne pas toujours attendre qu'elles ne fassent plus de bruit, dans la crainte de les trop bien endormir, et surtout ne pas mettre trop de filasse, ce qui donne une fumée trop chaude et les brûle.

» On doit enfermer les abeilles la veille au soir, et, s'il fait trop chaud, agir de grand matin. On doit, dans tous les cas, opérer hors du rucher et à l'ombre. M. de Chevigné, qui suit notre méthode avec le soin le plus scrupuleux, a auprès de son rucher une chambre noire ne recevant de lumière que tout juste ce qu'il en faut pour voir assez. La veille de sa visite aux ruches, il les ferme. Le lendemain, après son déjeûner, il les porte une à une dans cette chambre noire, les pose sur une table, les entr'ouvre et leur lance un peu de fumée; il en sort les rayons tout chargés d'abeilles, qu'il fait tomber avec les barbes d'une plume dans une boîte couverte d'un rideau pour la rendre plus obscure. Chaque rayon est ainsi débarrassé, visité. L'opération faite, les abeilles sont jetées dans la ruche, que l'on ferme et qu'on porte au rucher.

» Combien cela est commode! On n'a pas eu chaud; on n'a pas été exposé à être piqué; tout le rucher est resté tranquille; on ne s'est pas pressé, et on a agi avec compas et mesure. Nous ne pouvons trop recommander ce procédé, déjà mis en usage par d'autres apiculteurs avec beaucoup de succès. »

Et nous, nous n'avons pas cru pouvoir mieux faire que de donner en entier cet intéressant article de M. Debeauvoys, qui nous fait connaître en même temps la méthode et l'historique des asphyxiants en apiculture, base du système de ce célèbre praticien.

La circulaire suivante de M. le préfet de Maine-et-Loire à MM. les maires de son département en dira également plus des avantages de cette méthode que ce que nous en pourrions dire nous-même.

..... « Chaque année, des accidents quelquefois très-graves se reproduisent à l'époque de la récolte du miel des abeilles. Cette opération, vous le savez, a pour résultat d'exciter la fureur de ces insectes, qui se vengent en se précipitant sur les passants ou sur les animaux qui se trouvent à la proximité de leurs ruches.

» De sages précautions ont été indiquées dans l'ouvrage de M. Debeauvoys, intitulé : « *Le Guide de l'Apiculteur*, et dont soixante exemplaires, achetés en 1859 par le Conseil général, ont été distribués dans les principales communes du département.

» Ces précautions consistent à assoupir les abeilles, de manière à les empêcher de se répandre dans les environs des ruches ; il n'en résulte aucune conséquence fâcheuse pour ces insectes.

» Je vous prie, Messieurs, de vouloir bien engager vos administrés à avoir recours à ce procédé, pour prévenir des accidents qu'ils seraient les premiers à déplorer, et dont, dans certains cas, ils pourraient être responsables. »

Arrive enfin le temps de la récolte où l'apiculteur va être payé au centuple des quelques soins qu'il a donnés à ses mouches.

La récolte se fait chez nous en octobre et novembre. Après avoir marqué les ruches à exploiter et les abeilles à sacrifier, on fait, non loin de la ruchée, une petite excavation, on y enflamme du soufre et on y descend la ruche. En moins de cinq minutes les abeilles sont étouffées. Le mielleur ou mourinier paie, emporte les ruches et tout est dit.

Et d'abord, pourquoi le propriétaire d'abeilles ne fait-il pas lui-même son miel et sa cire, comme il fait son cidre, son beurre? Il y trouverait assurément un grand profit. On lui paie ses ruches au poids un prix qui est calculé sur celui du miel, de sorte que la cire, dans les jeunes colonies, est vendue le même prix que le miel; c'est, en moyenne, une perte pour le vendeur de 2 à 3 fr. par ruche. Ce seul profit suffirait au marchand pour lui donner de beaux bénéfices. Nous verrons bientôt que les appareils nécessaires pour l'extraction du miel et de la cire ne constituent pas une dépense sérieuse.

On ne sacrifie que les ruches jugées trop peu pourvues de provisions pour passer l'hiver, souvent aussi celles qui n'ont pas jeté d'essaim dans l'année, et dont, pour ce motif, on croit avoir lieu d'être mécontent. Dans les premières il se trouve des colonies de trois, quatre ou cinq ans et des essaims de l'année. De sorte que l'on décime le plus souvent son rucher d'une manière aussi inintelligente que barbare. Ces essaims de l'année, qui n'ont pu s'approvisionner, étaient, à l'essaimage, ou trop faibles ou trop tardifs, peut-être les deux à la fois. Il fallait, comme nous l'avons dit, les marier entre eux ou les associer à d'anciennes colonies, à celles-là précisément qui sont condamnées à subir le même sort. On aurait eu des ruchées assez fortes en population pour s'approvisionner. Et, soit qu'on les conserve ou qu'on les exploite, toujours est-il qu'il y aurait plus de profit à avoir des ruchées bien garnies de miel que d'autres qui n'en ont presque pas.

Nous venons de dire que, pour les jeunes colonies,

la cire était vendue le prix du miel, tandis qu'elle vaut quatre ou cinq fois plus. Ceci cesse d'être vrai pour les vieilles colonies qui n'ont jamais été taillées. En vieillissant, les rayons perdent leur cire et arrivent à n'en plus avoir. Ecoutons encore M. Debeauvoys :

« Primitivement composées rien que de cire (les alvéoles ou cellules), cette matière finit par disparaître presque entièrement. Voici comment : chaque larve laisse dans la cellule une coque ; ce qui fait que les parois des cellules se trouvent pressées entre deux tissus solides ; ramollies et pressées de nouveau par tous les vers qui y sont successivement élevés et dont les coques rétrécissent de plus en plus la cellule, la cire qui compose ces parties sort au pourtour de l'ouverture et y forme un bourrelet qui en fait disparaître la forme hexagonale ; ce bourrelet tombe et s'use sous les pas continuels des abeilles, et les vieux rayons n'ont plus de cire. »

Et le miel ? n'en éprouve-t-il pas aussi une dépréciation ? Il est reconnu que plus il séjourne dans les alvéoles, plus il brunit ; de plus, il acquiert un goût qui est loin de contribuer à sa qualité. On accuse nos blés-noirs de ce double fait ; je crois qu'il serait juste aussi de l'attribuer en grande partie aux récoltes tardives et à la vieillesse des rayons.

Donc, sacrifice pour sacrifice, récoltons plus tôt, fin d'août ou commencement de septembre. D'ailleurs, passé cette dernière époque, à moins d'années exceptionnelles ou de circonstances locales, nos abeilles n'amassent plus guère de miel, et souvent en novembre, époque où nous récoltons, elles ont déjà entamé les provisions d'hiver. A quoi donc nous a servi de prolonger de deux mois leur existence?

Mais, est-il donc absolument indispensable, même avec les ruches communes, d'étouffer les abeilles pour faire la récolte? Non, mille fois non.

Je sais qu'avec ces ruches, les récoltes partielles sont très-difficiles, sinon impossibles. Le mieux est de les dépouiller entièrement, mais sauf la vie de nos abeilles. Voici comment: Vous marquez en août toutes celles que vous voulez dépouiller, parce qu'elles n'ont pas un approvisionnement suffisant, ou, quoique bien pourvues, elles sont arrivées à un âge où il faut les exploiter avant que les rayons commencent à perdre de leur cire, ou bien encore parce que vous voulez réduire le nombre de vos colonies.

Cela fait, vous commencez immédiatement l'opération. Elle consiste à réunir chacune de ces colonies à une de celles que vous conservez, par le procédé que nous avons indiqué pour la réunion, le mariage des abeilles. Ayez fini avant le 10 septembre, autant que faire se pourra.

Cette opération peut se renouveler de deux ans en deux ans sur chacune des colonies. Par cette méthode, la production en cire est au moins doublée, parce que les colonies ainsi fortifiées, condition de prospérité pour elles, sont obligées de renouveler, d'agrandir sans cesse leurs constructions, et celle en miel se trouve augmentée de beaucoup. Ces avantages valent bien, ce me semble, la peine qu'on y réfléchisse.

Les ruches à cadres rendent extrêmement faciles les récoltes partielles ou tailles.

Dans les bonnes années, on peut faire deux tailles : la première vers la fin de juillet, et la seconde en septembre. La taille de juillet exige certaines précautions qu'il ne faut point négliger. A cette époque, les gâteaux contiennent beaucoup de couvain que l'on doit ménager. On voit souvent la partie supérieure des rayons contenir du miel d'un côté et du couvain de l'autre.

On ne peut rien enlever à ces rayons. On doit donc examiner un à un tous les cadres et ne tailler que ceux qui n'offrent pas ce mélange de miel et de couvain. S'il se trouve des cadres ne contenant que du miel, on prendra ceux-là de préférence et on les remplacera par des cadres vides, ce qui doit se faire également à la taille suivante.

En exécutant cette opération, on peut faire des essaims artificiels, de même qu'on peut profiter de la taille de septembre pour opérer les réunions d'abeilles.

En septembre, on examinera de nouveau les ruchées qu'on a dépouillées en juillet et celles auxquelles on aurait jugé à propos de ne rien enlever; on taillera toutes celles qui seront abondamment pourvues, en ayant soin toutefois de laisser dans chacune une quantité suffisante de miel pour la provision d'hiver. Cette précaution est même indispensable à la taille de juillet, car nous avons vu des années où des intempéries arrivant vers la fin de l'été et se continuant en automne, n'auraient pas permis aux abeilles de ramasser assez de miel pour compenser ce qu'on leur aurait enlevé en trop.

Il faut une grande habitude pour apprécier, même d'une manière approximative, et à moins de peser, la quantité de miel contenue dans une ruchée ou dans un rayon. On ne doit rien négliger pour acquérir sur ce point essentiel une expérience solide. On estime que 8 à 10 kilogrammes de miel suffisent à une colonie pour l'approvisionnement d'hiver. Mieux vaut laisser un kilo en plus que d'en enlever un de trop. Ne soyez donc pas trop avides et regardez comme dure nécessité et chose onéreuse d'être obligé d'alimenter vos abeilles à l'hiver.

L'heure à laquelle il convient de faire ces récoltes est vers le soir d'une journée calme et sereine. Cependant, si l'on emploie l'assoupissement pour maîtriser les abeilles, il faut opérer le matin avant le départ des abeilles, départ que l'on empêche d'ailleurs en les séquestrant la veille. Cette heure a surtout un avantage dans les fortes chaleurs, qui rendent le miel tellement liquide sur le milieu du jour, qu'il est impossible de n'en pas répandre sur les parois de la ruche et autour de soi. L'odeur du miel, à quelque distance que l'on soit du rucher, a bientôt attiré une masse d'abeilles qui gênent et font prolonger l'opération. Avant d'y réintégrer les abeilles et de la reporter au rucher, la ruche doit être nettoyée de toutes ces traces de miel, surtout à l'extérieur, afin de ne pas l'exposer au pillage ou tout au moins d'occasionner dans le rucher un trouble toujours regrettable. Cela ne suffit pas encore, la ruche dépouillée doit être fermée jusqu'au soir, afin que les abeilles voisines ne puissent y pénétrer, et souvent il est bon de renouveler cette précaution le lendemain matin, moment auquel on devra, dans tous les cas, une visite à toutes les colonies taillées la veille.

Nous n'indiquerons ici que les instruments indispensables pour l'application des moyens les plus simples, tant dans la culture des abeilles que dans le façonnement des produits.

Un apiculteur prudent, fût-il le plus privilégié, c'est-à-dire le moins antipathique aux abeilles, le plus insensible à leurs piqûres, fera toujours bien de se pourvoir d'un affublement. Quoi que l'on ait dit et écrit contre la nécessité de cet accoutrement, des faits, plus forts que tous ces dires, prouvent surabondamment que les abeilles peuvent trahir leurs meilleurs amis, supposé toutefois qu'elles en aient et qu'elles ne s'apprivoisent nullement. Elles ont, il est vrai, leurs époques, leurs jours, leurs heures du jour où elles sont plus traitables que dans d'autres, mais voilà tout. Il est reconnu aussi que du calme et de l'assurance dans les opérations, de la modération dans les mouvements peuvent contribuer à les calmer; mais qu'un accident quelconque, que la plus petite maladresse vienne à se produire, et l'opérateur dépourvu se trouvera exposé aux plus graves dangers.

Voici la description que M. Debeauvoys donne de l'accoutrement dont il se sert :

« Une blouse des plus communes, d'une couleur quelconque, sans ouvertures ni sur le devant, ni sur les côtés, au col de laquelle on a cousu un tulle de coton à mailles assez étroites pour qu'une abeille n'y puisse passer, de couleur noire ou verte, parce qu'avec le tulle blanc il se fait un miroitage qui empêche de voir. Ce tulle aura 12 décimètres de largeur et 6 de hauteur; à son bord libre, c'est-à-dire à la partie supérieure, sera une coulisse dont le cordon se serrera au-dessus et autour d'un chapeau. Il est bon de se mettre autour du cou une large collerette en carton qui, avec le bord du chapeau, distendra suffisamment le tulle.

» Le chapeau sera en paille, car les abeilles enfoncent leur aiguillon dans le feutre, ce qui en fait périr un grand nombre. La blouse doit être introduite dans le pantalon de dessus ou au moins être serrée par une ceinture.

» Les mains sont parfaitement garanties au moyen de deux sacs en calicot double, entre lesquels on met une pièce de taffetas ciré, par excès de précaution. Ces sacs seront assez longs pour être attachés au-dessus du coude, en recouvrement des manches de la blouse; ils seront sans doigts, pas même pour le pouce, et assez larges pour que la main puisse s'y ouvrir tout entière, carrés et non arrondis. Le pantalon sera à pied, sans autres ouvertures qu'à la partie supérieure, laquelle se fermera par un cordon à coulisse. Sous ce costume, on est à son aise; on respire, on entend, on peut répondre et l'on n'est pas exposé à se faire piquer.

» Les abeilles, ajoute-t-il, ont un instinct tout particulier pour se glisser à l'ombre par les plus petits trous. J'ai vu trente abeilles passer sous un pantalon à travers une botte décousue. Lorsqu'un pareil accident arrive, il faut rester calme, se retirer à l'ombre, dans un lieu frais et sans se presser, et là se déshabiller tout doucement. Malheur à celui qui se mettrait à courir, ou frapperait sur les mouches qui circulent sous ses vêtements; restez tranquilles et elles ne vous piqueront pas. »

Nous avons indiqué par l'usage des moyens asphyxiants le lycoperdon et le sel de nitre.

L'amadou, les vieux linges ou cordages sont employés pour mettre et entretenir les abeilles en bruissement. La fumée de ces matières est introduite dans la ruche au moyen d'un enfumoir et d'un soufflet ordinaire. L'enfumoir que M. Debeauvoys indique et dont il se sert se compose d'un cylindre en tôle, divisé en deux parties, s'emboîtant l'une dans l'autre. A la partie antérieure est un tube qui doit pénétrer dans la ruche; la partie opposée est munie d'une douille assez large pour qu'on puisse y introduire un tuyau de soufflet. Il nous en a offert un que nous mettrons volontiers à la disposition de ceux qui désireraient en faire confectionner de semblables. C'est un instrument des plus simples, et l'on devine aisément la manière de s'en servir. Celui dont on se sert aujourd'hui pour soufrer les vignes et qui est très-répandu en donne une idée suffisante.

Le cératome est une espèce de couteau particulièrement utile pour couper les rayons dans les ruches communes. Une de ses extrémités est terminée carrément en lame coupante sur les trois sens; l'autre est recourbée à angle droit et beaucoup moins large. Sa longueur moyenne est de 40 à 45 centimètres.

Des terrines, des baquets, des bassines en ferblanc, des canevas ou tamis en soie, en toile forte, en crin, sont indispensables pour le façonnement des produits. Dans presque tous les ménages à la campagne, on trouve des vases pouvant être employés à cet usage. Des vases en grès, de petits barils pour les grandes exploitations sont nécessaires pour emmagasiner le miel. Il faut avoir également une chaudière, un bassin en ferblanc ou moule à cire pour extraire et façonner ce produit, et enfin un mellificateur et une presse.

On trouve partout dans nos campagnes des marchands de *mourines* qui travaillent eux-mêmes leur miel et leur cire; les appareils dont ils se servent, les procédés qu'ils emploient sont assez généralement connus pour que nous nous dispensions d'en parler. Le tout est très-simple et susceptible de beaucoup de perfectionnements. Ils opèrent en novembre; à cette époque, le miel est durci et la chaleur du soleil n'est plus assez forte pour en faciliter l'extraction. Aussi, bien qu'il pût encore être utile, le mellificateur est-il complétement inconnu.

« J'ai donné ce nom, dit M. Debeauvoys, à une boîte dans laquelle j'expose les rayons au soleil pour en extraire le miel. Elle sera d'une dimension relative à l'exploitation. Pour dix ruches, il suffit de lui donner une longueur de 1 mètre sur une largeur de 60 centimètres; sa partie postérieure aura 40 centimètres de hauteur et sa partie antérieure 33; le fond et les côtés seront parfaitement joints par des rainures. Pour que le fond ne se gâte pas sur le sol, que les fourmis ne montent pas dans l'appareil, on lui donnera quatre supports de 10 centimètres de hauteur sur 8 de largeur en carré, lesquels poseront dans des assiettes pleines d'eau. A 20 centimètres au-dessus du fond et en dedans de la boîte, on établira une tringle ou des tasseaux pour servir de point d'appui à un châssis qui devra entrer librement dans la boîte; il sera partagé en deux parties égales par une traverse. Il régnera dans tout son pourtour une série de pointes à 4 ou 5 centimètres les unes des autres; un canevas un peu serré et garni tout autour d'un ruban de fil de même longueur et largeur que le châssis, sera fixé à ces pointes. Au-dessous de ce châssis seront deux bassines en zinc, les poignées tournées en dedans, auxquelles on pourra adapter une gargouille qui s'ouvrira au-dessous et qu'on tiendra bouchée d'un liége, pour laisser tomber le miel, sans être obligé de les sortir de la boîte. Le dessus sera fermé par un châssis vitré formant une forte feuillure qui circonscrira tout l'appareil. Une poignée sera à chaque bout pour transporter le mellificateur.

Cette boîte, ajoute-t-il, remplace on ne peut plus avantageusement toutes les sortes de pressoirs dont on a coutume de se servir.

Nous conseillons néanmoins l'usage de la presse pour les grandes exploitations; elle est plus particulièrement utile à ceux qui opèrent en novembre. Celle dont on se sert dans le pays est simple et assez grossièrement construite, mais elle coûte peu et donne une force de pression suffisante; un autre avantage, c'est que le premier ouvrier venu peut la construire.

Si tous nos miels ont à peu près et au même degré les mêmes défauts, cela tient, en partie, à ce que nous n'en faisons que d'une sorte. Les gâteaux jeunes et vieux sont divisés et soumis pêle-mêle à l'action de la presse. Tirés séparément et par un autre procédé, les premiers nous donneraient un miel d'une qualité supérieure, qui soutiendrait mieux la concurrence; les seconds nous fourniraient un miel que nous emploierions utilement pour nourrir nos abeilles à l'hiver et qui s'expédierait encore bien au dehors pour le même usage.

Il est évident, d'ailleurs, qu'en présence du grand développement que prend l'agriculture sur divers points de la France donnant des produits supérieurs aux nôtres, la question de perfectionnement est chez nous essentiellement liée à la question de la production. Autrement nos miels seraient condamnés à ne trouver de débouchés que chez les fabricants de pain d'épices, et cela encore ne durerait-il pas long-temps. Or, nous ne pouvons guère améliorer nos produits qu'en modifiant les procédés suivis pour l'extraction du miel et en changeant l'époque où l'on opère.

En faisant la taille des ruchées, on doit donc séparer les vieux rayons d'avec les jeunes. Les uns sont déposés sur le tamis d'un des compartiments du mellificateur et les autres sur le tamis du second compartiment. Les gâteaux doivent être un peu divisés. Les choses étant ainsi disposées, on ferme le châssis vitré du mellificateur et on l'expose aux rayons du soleil.

La chaleur qui se développe à l'intérieur a bientôt assez liquéfié le miel pour que celui-ci se détache des alvéoles, traverse le tamis et arrive dans les bassines. On remue de temps en temps les gâteaux sans les presser; mieux vaut laisser quelques traces de miel dans le marc que d'en faire sortir le pollen par la pression, car cette matière mélangée au miel ne peut que lui communiquer de mauvaises qualités. On enlève le marc à mesure que l'on s'aperçoit que les alvéoles ne contiennent plus de miel et on ajoute de nouveaux gâteaux.

Cette première opération donne donc, sous la forme la plus parfaite, les deux qualités de miel que nous demandons. Ce miel, toutefois, est mélangé à quelques portions de cire dont il faut le purger, ce qui se fait en le passant une seconde fois et à une moindre température à travers un tamis en soie.

Le marc contient bien encore un peu de miel; on peut l'extraire par la pression; on obtient ainsi un miel inférieur qui sert à nourrir les abeilles pendant l'hiver. M. Debeauvoys l'abandonne immédiatement aux abeilles. Pour cela il expose le marc ainsi que les vases dont il se sert dans le voisinage du rucher, où elles viennent prendre le miel dont on n'a pu s'emparer. Mais n'oublions pas que cet apiculteur opère toujours à l'époque des chaleurs, et qu'alors l'extraction du miel par le procédé que nous venons de décrire se fait plus facilement et plus complétement. Si la saison était déjà froide, il donne le conseil de remplacer le châssis vitré du mellificateur par une feuille de tôle que l'on couvrirait de cendres chaudes, ou bien encore de déposer le mellificateur dans un four quelque temps après que le pain en a été sorti.

Le miel extrait et préparé est déposé dans des vases en grès ou dans des barils selon l'exploitation et déposé dans des lieux secs et froids.

L'extraction de la cire et le façonnement des pains demandent un peu plus de travail. De tous les moyens employés, nous nous bornerons à indiquer les procédés suivis par M. Debeauvoys.

« Les masses de cire, restées sur le tamis de soie ou mises dans des plats, pour en laisser égoutter le miel, sont déposées dans un vase contenant très-peu d'eau, que l'on fait chauffer sur un feu doux, en évitant autant que possible l'ébullition et les agitant très-peu. Quand elles sont toutes fondues, on laisse refroidir la masse et l'on enlève de sa surface les bulles d'air qui s'y forment; mais il ne faut pas attendre que la cire soit refroidie. Si l'on tenait, dit-il, à avoir de la cire entièrement purgée de miel, il faudrait laisser les flocons exposés à l'industrie des abeilles ; elles en tireraient tout ce qu'il peut y en avoir, et l'émietteraient de telle sorte que ce ne serait plus qu'une poussière ; les parcelles fondues ensuite formeraient le pain le plus pur possible.

» Le marc est lavé et réuni dans une masse que l'on presse d'une manière quelconque, pour qu'il présente le moindre volume possible ; cette masse est déposée dans un chaudron avec assez d'eau, seulement pour la couvrir ; on fait bouillir à petit feu ; on agite de temps en temps, puis, lorsqu'on pense que la cire est fondue, on verse tout ce qu'il y a dans le chaudron sur un canevas ou linge peu serré ; on remue cette masse avec une cuillère de bois ou une spatule, et l'on jette le marc sur des planches ; l'eau chargée de cire tombe dans un vase, où, en se refroidissant, elle laisse la cire, plus légère qu'elle, se durcir à la surface.

» Le lendemain, on lève le pain qui s'est formé ; on en détache la crasse qui s'est fixée au-dessous, et on le fait bouillir de nouveau dans très-peu d'eau, pour le passer sur un canevas plus serré.

» Les vases dans lesquels on reçoit la cire fondue en dernier apprêt doivent être vernis ou en métal, afin que le pain ne se fixe pas sur les bords, de manière à ne pouvoir en être arraché sans déchirures. »

FIN.

Rennes, typ. Oberthur.

LA RUCHE COMMUNE.

« Au mois d'octobre de chaque année, on enlève une partie de la provision des ruches ; pour y parvenir, on prend le soir une mèche de vieux linge, dont une faible partie contient un peu de soufre ou de chlore (1).

» On allume cette mèche, et après l'avoir approchée de l'orifice de la ruche dont on se propose d'extraire le miel, on y fait pénétrer un peu de fumée en soufflant sur la mèche pendant une demi-minute environ. Cela fait, et les abeilles étant en bruissement, on prend la ruche et on la renverse à côté de son siége, la gueule en haut. La fumée qu'on y a introduite ayant causé aux abeilles une quasi-ivresse qui les rend immobiles pendant quelque temps, ce renversement de la ruche n'offre aucun danger. On profite de cette immobilité des mouches pour appliquer une ruche vide sur celle qu'on vient de renverser ; on ceint d'un linge les deux ruches à leur jonction, afin de ne laisser aucun jour qui puisse permettre aux abeilles de sortir. (Il est bon que le linge soit mouillé, afin que la fraîcheur fasse reculer celles qui chercheraient une issue. Sans cette précaution, quelques-unes allant se gîter sous le linge serré autour des ruches, pourraient être écrasées dans

(1) Si on mettait une dose trop forte de soufre, on s'exposerait à étouffer les abeilles.

l'opération) ; on frappe alors légèrement la ruche inférieure pendant quelques minutes, et bientôt on entend un bourdonnement qui annonce que la petite république se met en marche pour émigrer dans la ruche supérieure, tout comme les Chinois qui, effrayés par la poudre à canon, s'en allaient avec le Fils du Ciel, abandonnant leurs richesses à la merci du vainqueur. On enlève ensuite la ruche supérieure contenant toutes les abeilles et on la dépose sur le siége de la première. Le reste se devine facilement ; devenu maître du butin, on enlève de la ruche inférieure 15 ou 20 gros kilos de gâteaux riches d'excellent miel, et on n'y laisse qu'un bon nécessaire pour nourrir les abeilles pendant l'hiver.

» Chaque rayon qu'on enlève ainsi doit être pris au rang et en totalité, c'est-à-dire qu'on doit tout prendre du même côté, sans jamais toucher à l'opposé ; ce côté doit être laissé intact pour nourrir les abeilles réintégrées dans leur demeure (1).

» Il faut ensuite rétablir les mouches dans leur domicile ; or, il suffit pour cela de reprendre la ruche où elles ont été provisoirement déposées, de la renverser bien doucement et d'y superposer celle dont on a extrait une partie des gâteaux ; aussitôt elles recommencent leur bourdonnement, se mettent en

(1) Il va sans dire que la quantité de miel à extraire dépend de la pesanteur de la ruche dans la proportion environ de 20 à 30 kilos.

marche et regagnent leur demeure ; il est bon de laisser ainsi les ruches toute la nuit l'une sur l'autre.

» Il est utile de faire observer que, dans l'exercice de cette méthode, il arrive souvent à un praticien peu expérimenté qu'il reste dans les rayons de la ruche, dont on veut enlever le miel, un certain nombre d'abeilles, faisant un tapage d'enfer et menaçant de leurs dards la main qui s'apprête à les dépouiller; mais on vient facilement à bout de ces petites furies : on prend encore un linge mouillé; on en recouvre toute la partie supérieure des gâteaux qu'on veut laisser dans la ruche ; ensuite on y souffle un peu de fumée comme ci-devant ; on force ainsi ces abeilles à se réfugier entre les rayons cachés sous le linge, et il devient alors facile d'enlever le butin devenu libre.

» Telle est la méthode que nous pratiquons pour extraire la cire et le miel des ruches sans détruire une seule abeille ; elle offre deux avantages : la simplicité la plus grande et le succès le plus infaillible; joignez-y l'éloignement du moindre danger d'être piqué. Mais il importe également de connaître la manière de réunir en une seule ou de marier plusieurs populations pour fortifier celles qui sont trop faibles, et pouvoir enlever, en totalité, tout le butin des ruches trop vieilles pour être conservées.

» Tout le monde sait, ou doit savoir, qu'une seule ruche bien peuplée ne consomme pas plus de miel qu'une autre trois ou quatre fois moins forte, tandis qu'elle rapporte plus de bénéfice que quatre languissantes qui succombent souvent à la rigueur de l'hiver ou à l'envahissement des larronnesses. Tous les apiculteurs sont d'accord sur ce point, et de nombreuses expériences nous en ont à jamais convaincu. Mais il n'en est pas ainsi sur la manière d'unir plusieurs populations ; chaque auteur en a reconnu, il est vrai, la haute importance, mais les uns ont regardé la chose comme impossible, tandis que les autres ont enseigné à leur façon diverses méthodes que de nombreuses expériences nous font considérer comme purement chimériques et imaginaires. Quant à nous, l'expérience ne nous a fourni qu'un moyen de réunir plusieurs ruches en une seule, et nous osons enseigner ce moyen comme *infaillible*.

» Soit, pour plus d'intelligence de la chose, trois ruches dont on veut, à la Toussaint, vendre les deux plus vieilles ; appelons A celle que l'on veut garder, B et C celles dont on veut se défaire. On fait, le soir, par la méthode indiquée ci-dessus, monter les abeilles de la ruche A dans une ruche vide, et, de la même manière, celles de B et de C dans deux autres ruches également vides. Si A pèse plus de 14 ou 15 kilos, on tire l'excédant pour faire un vide et donner de la place à celles qu'on devra y introduire. Ensuite, on prend les ruches contenant les abeilles de B et de C, et de deux ou trois coups de main appliqués sur ces ruches, on en fait tomber les abeilles, sur un drap étendu par terre ; on place sur ces abeilles tombées en bloc la ruche renfermant la population de A, en ayant soin, au moyen d'une pierre, de ménager une petite entrée pour celles qui se trouveraient à l'écart ; puis on peut s'en aller pour revenir bientôt prendre les populations réunies. On les pose sur A, toujours renversée; on ceint ces deux ruches comme nous l'avons dit précédemment, à leur jonction, afin de ne laisser aucune issue aux abeilles. On les laisse dans cette position jusqu'au lendemain. Dans le cours de l'après-midi de ce deuxième jour, on leur fait faire la bascule, de manière que A se trouve à son tour sur l'autre ; enfin, le soir du jour suivant, on les sépare pour remettre sur son siége A, grossie des populations des deux autres ruches B et C.

» Il peut arriver que la ruche inférieure contienne encore quelques abeilles ; on la penche alors à côté du siége, et bientôt elles se rendent à leur nouveau ménage. Le mariage est consommé, pas une abeille n'a été tuée.

» Au printemps suivant, les ruches peuplées de cette manière jettent deux ou trois gros essaims et sont garanties contre les rigueurs de l'hiver. C'est l'unique moyen pour réussir dans la culture des abeilles.

» Si A n'a pas besoin d'être dépouillée d'une partie de ses richesses, voici comment on opère : les abeilles provenant de B et de C, réunies dans une même ruche, se superposent sur A, qu'on a renversée après une légère fumigation, et après avoir hermétiquement fermé et ceint les deux ruches, on frappe légèrement celle qui se trouve en dessous pour en faire monter la majeure partie des abeilles avec celles de B et de C. Ce fait, on les laisse dans cette position jusqu'au lendemain, et dans l'après-midi, bascule ; le soir du jour suivant, mise à place comme plus haut.

» Nous ferons, en terminant, la même remarque que nous avons déjà eu occasion de faire : les ruches B et C devant être emportées, ne doivent plus contenir une seule abeille ; si donc quelques-unes avaient oublié de suivre le gros de la colonie, il faudrait, le soir même ou le lendemain, souffler de la fumée entre les rayons. Après avoir bourdonné, passé d'un gâteau sur l'autre, les abeilles se réunissent et montent toutes dans une ruche vide. »

LEBRETON, *instituteur à Langon.*

(Extrait du *Journal d'agriculture pratique d'Ille-et-Vilaine.*)

TABLE DES MATIÈRES.

www.ingramcontent.com/pod-product-compliance
Ingram Content Group UK Ltd.
Pitfield, Milton Keynes, MK11 3LW, UK
UKHW020159200726
13856UKWH00003B/1077